Svenja Hofert

Geld verdienen mit dem eigenen Online-Shop

Svenja Hofert

Geld verdienen mit dem eigenen Online-Shop

Die clevere Idee –
die richtige Strategie –
die erfolgreiche Vermarktung

Eichborn.

Svenja Hofert ist Journalistin und Internetkennerin der ersten Generation.
Nach Stationen in Kommunikation und Marketing betreibt sie jetzt ein Redaktionsbüro in Hamburg.
Internetadresse: *www.svenja-hofert.de*

Die Deutsche Bibliothek – CIP-Einheitsaufnahme
Hofert, Svenja:
Geld verdienen mit dem eigenen Online-Shop:
die clevere Idee – die richtige Strategie – die erfolgreiche Vermarktung /
Svenja Hofert. – Frankfurt am Main: Eichborn, 2001
ISBN 3-8218-1657-0

Umschlaggestaltung: Christina Hucke und Moni Port
Lektorat: Thorsten Schulte
Innenlayout / Satz: die Basis, Wiesbaden
Druck und Bindung: Fuldaer Verlagsagentur, Fulda
ISBN 3-8218-1657-0

Verlagsverzeichnis schickt gern:
Eichborn Verlag, Kaiserstraße 66, D-60329 Frankfurt / Main
www.eichborn.de

Inhalt

Kapitel 2: Die Technik Ihres Online-Shops _51

Kapitel 4: Pfiffige Marketingideen _157

Kapitel 5: Geschäftsideen _167

Einleitung: Steigen Sie ein – aber richtig!

Oliver Samwer brauchte zehn Monate, um zusammen mit seinen beiden Brüdern das Auktionshaus Alando großzuziehen, an Ebay zu verkaufen und damit Millionär zu werden. Das Internet macht reich.

Bei der ersten großen Pleite des Internet-Zeitalters setzte der englische Super-Shop *boo.com* 135 Millionen Mark in den Sand. Die ehrgeizige, aber überladene Technik überforderte sowohl Nutzer als auch deren Computer. Das Internet macht arm.

Jeff Bezos von Amazon hat mit seinem Buchhandel im Internet eine Marke etabliert, die zwar immer noch trotz Milliardenumsatz äußerst verlustträchtig, indes aber ähnlich bekannt ist wie Coca-Cola. Konsequente Kunden- und Serviceorientierung ist fraglos das Online-Erfolgsrezept schlechthin, aber wenn die Gewinnspannen zu gering sind, bleibt fürs Unternehmen unterm Strich zu wenig übrig. Das Internet kann arm, aber auch reich an Erfahrung machen.

Wenn Sie jetzt einen Online-Shop aufmachen, gehören Sie nicht mehr zu den Ersten. Das ist Ihr Glück! Sie gehören zu denen, die aus den Erfahrungen der »Alten« – die oft kaum älter als 30 sind – lernen und vieles besser machen können. Und: Sie gehören zu denen, die auf ein Publikum stoßen, das inzwischen bereit ist, im Internet zu kaufen. So soll die Zahl der Online-Nutzer, die im Internet shoppen, laut Marktforschungsinstitut Jupiter Communications bis zum Jahr 2002 von 14 auf 40 Prozent steigen.

Vielleicht werden Sie mit einem Shop nicht so reich wie Oliver Samwer mit seinem Auktionshaus. Aber die Aussichten, ein rentables E-Commerce-Unternehmen zu gründen, sind gut. Dies gilt inzwischen umso mehr, wenn Sie aus der Old Economy kommen, ein »richtiges« Geschäft besitzen und mit einer Filiale ins Internet wollen. Marktforscher sind überzeugt, die Zukunft läge in einer geschickten Verknüpfung von Präsenzhandel und Internet-Shop. Wer mit einem Online-Shop erfolgreich sein will, ist dies nicht, indem er einfach nur Produkte verkauft. Wichtig ist es, die Stärken des Mediums Internet zu nutzen. Welche das sind und worauf Sie achten müssen, zeigt Ihnen dieses Buch.

Sie erfahren, wie Sie Strategien entwickeln, bekommen Hilfestellung bei der Ideenfindung, und Sie werden von der Geschäftsidee über den Aufbau Ihres eigenen Shops bis hin zu dessen cleverer Vermarktung begleitet. Sie finden zahlreiche Anregungen, ob Sie nun »klein« im Nebenjob einsteigen oder direkt Kurs auf eine Existenzgründung nehmen. Thema ist nicht nur der klassische Shop, der Waren verkauft, sondern auch die Kommerzialisierung von Dienstleistungen im Internet. Nicht zuletzt zeige ich Ihnen, wie Sie auch ohne eigenen »Laden« Geld verdienen können. Als Besitzer einer gut besuchten Homepage oder eines Portals lernen Sie Tricks kennen, diese profitabel zu machen, zum Beispiel durch die Verknüpfung mit Seiten anderer Anbieter oder durch die Bereitstellung gebührenpflichtiger Webseiten.

Die wichtigsten Fachbegriffe aus der Internet- und Computerwelt werden in einem Glossar am Ende des Buches erklärt. Im Text sind diese Begriffe jeweils kursiv gesetzt.

Tipps und Checklisten werden Ihnen bei Ihrer Planung helfen, die zahlreichen Abbildungen zeigen Ihnen, wie beispielhafte Online-Shops auftreten. Es lohnt sich, die kompletten Seiten auch einmal »live« im Internet anzuschauen.

Amazon kennt fast jeder Internetsurfer. Wie schafft man es, ein Angebot als Marke zu etablieren? In der Ladenstraße läuft Publikum an Ihrem Geschäft vorbei und geht auch mal leicht hinein; im Internet läuft ohne Marketing gar nichts. Marketing meint dabei nicht nur Werbung, sondern umfasst auch die Produkt- und Kundenpflege, die Öffentlichkeitsarbeit (PR) und die so genannte »Site-Promotion«, die beispielsweise die Anmeldung bei Suchmaschinen umfasst.

Marketing, vor allem Online-Marketing, ist das A und O für den Erfolg eines Shops! Das Shop-Marketing nimmt deshalb einen zentralen Platz in diesem Buch ein. Ich zeige Ihnen, wie Sie dafür kaum Geld ausgeben, sondern clever und kompetent zum Erfolg kommen. Damit Sie eine ebenso erfolgreiche Marke wie Amazon etablieren, reich werden wie Oliver Samwer, eine Pleite wie *boo.com* vermeiden und dieses Buch weiterempfehlen.

Über zahlreiche Leserbriefe, Kritik genauso wie Lob, freue ich mich unter der E-Mail-Adresse *onlineshop@svenja-hofert.de*.

Svenja Hofert

Kapitel 1

Erste Schritte – Die Vorbereitung

Das A und O: Die zündende Geschäftsidee

Gute Ideen finden sich viele im Internet. Beim Verbraucherportal Dooyoo *(www.dooyoo.de)* bewerten Käufer Waren, Hotels und Fluggesellschaften. Reiseanbieter Tallyman *(www.tallyman.de)* nennt keine Festpreise für Flugtickets: Die Kunden legen selbst fest, wie viel Sie für ein Ticket zahlen möchten. Zwei Beispiele, die zeigen: Hinter erfolgreichen Konzepten stehen oftmals Ideen, die sich in dieser Form nur im Internet realisieren lassen.

Online-Shops müssen anders sein als die Geschäfte auf der Ladenstraße, um Käufer zu gewinnen. Nur Ware an Mann oder Frau bringen? Damit ist es nicht getan, die Marktschreier-Methode funktioniert im Internet nicht. Je radikaler eine Website die typischen Beziehungen zwischen Kunde und Händler auf den Kopf und die Weichen auf Kundenfreundlichkeit stellt, desto wahrscheinlicher ist ihr Erfolg. Der Kunde im Internet möchte online nicht so »bedient« werden wie in der realen Welt. An Schaufensterbummel hat er kein Interesse. Ihm geht es vielmehr darum, Waren schnell, bequem und rund um die Uhr bestellen zu können. Und dabei auch noch ein besonderes Schnäppchen zu machen. Doch auch das allein reicht nicht. Der Internetnutzer wünscht neben der guten Grundidee auch hohen Bedienkomfort mit einem möglichst persönlichen Angebot. Moderne Webseiten wie Amazon begrüßen ihre Kunden auf der Seite, merken sich Passwörter, wissen, wer die Käufer sind, und präsentieren genau die Angebote, die ihn interessieren könnten.

Sie müssen nicht der Erste sein, nur der Beste

Bei aller Bedeutung des Komforts für den Kunden spielt natürlich das Produkt die Hauptrolle. Ihre Kunden sollten es nicht überall bekommen können, schon gar nicht so bequem und preiswert wie online bei Ihnen. Besser sein als der Wettbewerb ist im Internet, wo der nächste Shop nur einen Mausklick weit entfernt ist, absolut entscheidend. Wenn Sie besser sind als die Konkurrenz, könnte es Ihnen auch gelingen, Bücher, CDs, Hard- und

Software oder Spielzeug zu verkaufen. Doch einen Online-Shop mit derart gängigen Produkten aufzubauen, birgt ein großes Risiko: Die Spielwiesen für diese Produkte sind von finanzstarken Anbietern besetzt, ein zweiter, dritter oder gar vierter Anbieter hat nur dann eine Chance, wenn die anderen Firmen bisher völlig falsche Wege beschritten haben. Oder wenn ein Marktsegment noch teilweise unerschöpftes Potenzial bietet, wie etwa der Verkauf von Veranstaltungs-Tickets über das Internet.

Als die Hamburger Firma Getgo *(www.getgo.de)* im Herbst 2000 Ihr Angebot startete, gab es bereits einen starken Wettbewerb von Internet-Tickethändlern. Das Unternehmen war ein »Last Mover«, eine Firma mit sehr spätem Markteintritt – und wurde dennoch mit Venture Capital (Wagniskapital) finanziert. Grund: Last Mover können aufgrund der bereits von anderen gemachten Erfahrungen besser durchstarten, vor allem wenn ein hochmotiviertes Team hinter einer Idee steht, das dem Wettbewerb den Garaus machen will – und ihn später vielleicht sogar aufkauft.

Der Konzentrationsprozess bei Online-Shops hat bereits begonnen. Riesige Shoppingcenter im Internet machen es kleineren Wettbewerbern nicht gerade leicht. Die Verknüpfung von Online- und Offline-Welt wird für die Großen lebensnotwendig. Ein Anzeichen: Buchverkäufer installieren Terminals auf Flughäfen, Parfümerien verkaufen sowohl im Internet als auch in der »realen« Welt. Und: Die Größen der Old Economy, etwa die Parfümerie-Kette Douglas *(www.douglasbeauty.com)*, entdecken das Internet. Und preschen mit einer Finanzmacht vor, die kleinen Wettbewerbern, die internettypische Produkte verkaufen möchten, nur sehr wenig Raum und Erfolgschancen lässt. Kleine Internethändler sollten sich daher auf einen bestimmten Bereich, in bestimmten Nischen, spezialisieren. Beispiele: Die Parfümerie Douglas bietet die ganze Palette herkömmlicher Parfüms, doch sie verkaufen in ihrem Online-Shop ganz spezielle Parfüms mit wirklich individueller Duftnote, die der Kunde selbst zusammenstellt. Spielzeughändler Alltoys *(www.alltoys.de)* hat zwar ein umfassendes Sortiment, doch diese selbst gemachten Kult-Puppen, die bieten vielleicht nur Sie an. Oder: Schmuckhändler im Internet gibt es viele, doch nur Sie haben die komplette Kollektion von XYZ.

Mit spezialisiertem Angebot zum Erfolg

Dass dieses Grundkonzept – Spezialitäten-Shops als Nische für kleinere Anbieter – im Internet aufgeht, beweisen erfolgreiche Shopkonzepte. So hat ein Juweliershop aus Gütersloh, der ausschließlich Modeschmuck der Firma Esprit verkauft, einen wahren Verkaufshit gelandet. Schon nach wenigen Wochen im Internet verkaufte er 10 bis 15 Artikel am Tag, heute ist es ein Vielfaches. Die einzige Marketingmaßnahme für diesen Blitzerfolg: die Anmeldung bei der Shop-Suchmaschine *www.shop.de* (siehe Kapitel »In Suchmaschinen eintragen«). Ein weiteres Projekt befand sich zur Zeit der Drucklegung dieses Buches noch im Aufbau. Aber auch hier verspricht das Konzept Erfolg: Eine Internetseite, die nur Trauringe verkauft, das billigste Paar für 80 Mark, wobei die Durchschnittspreise bei 4000 Mark liegen. Eine Summe, die weder ein durchschnittlich verdienendes Brautpaar noch ein viel beschäftigter Manager ohne Anprobe bezahlt. Die Idee, um dieses Manko aufzufangen: Zum Anprobieren wird dem Interessenten vor dem Kauf ein »Dummy«, eine unechte Kopie, zugesandt, der dieselben Maße hat wie das Original und auch so aussieht.

Tipp **Ihr Produkt darf nicht zu teuer sein**

Bulgari, Dolce & Gabbana, Dior: Erfahrungen und Untersuchungen belegen, dass Luxusgüter und Internet schlecht zusammenpassen. Vor allem teure Kleidung und besonders edler Schmuck werden kaum über das Internet bestellt, während Accessoires wie etwa Sonnenbrillen von Gucci oder Tücher des französischen Modedesigners Hermès online sehr beliebt sind. So ist etwa auch der Online-Shop *www.eluxury.com* dazu übergegangen, sich auf die »kleinen« Luxusgüter, die weniger als 300 Mark kosten, zu konzentrieren. Fazit: Edle Ware ja, aber zu teuer darf sie nicht sein.

Dienstleistungen im Internet gehört die Zukunft

Neben Spezialitäten-Shops haben vor allem Dienstleistungen Aussichten auf Geschäftserfolg, Online-Seminare etwa. Wesentlicher Vorteil: Das Lernen via Internet ist preisgünstiger und rund um die Uhr möglich, auch außerhalb von Gruppen und – je nach Seminar – auch ohne Lehrer. Solche Kurse sollten natürlich möglichst wenig Konkurrenz im Internet haben. Fehlt die Einzigartigkeit – es gibt bereits etliche Englisch-Sprachkurse –, so muss zumindest die Art des Kurses einmalig sein: etwa eine besonders professionelle technische Basis oder ein neues Lernsystem einer Koryphäe auf diesem Gebiet. Gerade Computerkurse via Internet sind derzeit sehr gefragt. Dabei hängt es von der Qualität eines Angebots ab, ob man damit neben »laufenden Geschäften« wie *www.akademie.de* und *www.academy4me.de* noch Fuß fassen kann.

Bieten Sie mehr als den reinen Verkauf

Erfolg versprechend sind Ideen, die dem Thema Shopping ein anderes »Vorzeichen« geben. Die Auktionshäuser, die letztendlich nichts anderes machen, als – gerade auch neue! – Produkte unter dem Schnäppchenmäntel zu verkaufen, haben vorgemacht, wie man geschickt verkauft. Denn: Viele Produkte gehen bei genauer Betrachtung gar nicht als Schnäppchen, sondern zum durchschnittlichen Marktpreis an den Kunden. Die Spannung einer Versteigerung wirkt dabei verkaufsfördernd, wertet Produkte auf und den Preis im Auge des Kunden oft ab. Geben wir dem Kind also doch einfach einen anderen Namen! So sind Auktionshäuser wie das privat und kommerziell ausgerichtete Ricardo (*www.ricardo.de*) oder das auf private Auktionen spezialisierte Ebay (*www.ebay.de*) letztendlich nichts anderes als Online-Shops. Online-Shops, die ihre Waren vor allem deshalb so gut verkaufen, weil dahinter mehr als die Idee des reinen Verkaufens steht. Und das gibt es in der Ladenstraße nicht, nur im Internet!

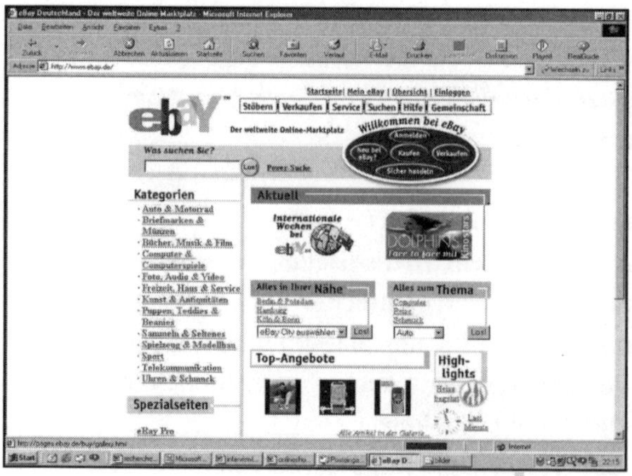

www.ebay.de

Auch das Auktionshaus Ebay ist ein Shop: Hier können private Anbieter, aber auch Online- und Offline-Geschäfte Ihre Ware verkaufen – vom Computer bis zur Designeruhr. Ebay verdient an jedem versteigerten Produkt zwischen 25 Pfennig und einer Mark. Verantwortlich für das Produkt und den Versand ist der Anbieter einer Ware.

www.ebay.de

Die Wettbewerbsanalyse: Durchschauen Sie Ihren Markt

»Verzettele Dich nicht!« lautet einer der Ratschläge von Management-Guru Peter Drucker. Auch wenn Sie tausend Ideen haben: Wer zu viel auf einmal macht, macht nichts richtig. Konzentrieren Sie sich besser auf die eine, besondere Idee und realisieren Sie diese mit Ihrer ganzen Energie. Es bringt nichts, auf mehreren Hochzeiten zu tanzen und direkt neben dem Brautladen auch den Reptilienshop zu eröffnen. Etwas anderes wäre es, wenn Sie zu Hochzeitskleidern auch Schminkkurse, Brautsträuße und Hochzeitssuiten vertreiben, einen Einladungs-, Danksagungs- und Geschenkeservice bieten. Das wäre dann wieder eine gute Idee: die der Hochzeitsserviceseite. Die es leider schon gibt, etwa unter *www.alafoli.de*.

Was gibt es noch nicht oder nicht in der Form, wie Sie es sich vorstellen? Wo ist ein echter Bedarf, eine wirklich unbefriedigte Nachfrage? Ihr erster Schritt sollte eine umfassende Wettbewerbsanalyse sein, je nach Sprachkenntnissen am besten gleich international angelegt. Denn selbst wenn eine amerikanische Website nicht in direkter Konkurrenz zu Ihrem deutschen Angebot steht, so können Sie doch einiges von ihr lernen. Vielleicht auch nur, Ihr Angebot ganz anders, besser oder spezifischer auf den deutschen Markt zugeschnitten zu gestalten.

Am besten legen Sie sich dafür eine Tabelle an, anhand derer Sie einzelne Punkte durchgehen:

- Für wen ist das Angebot (Zielgruppe)?
- Was ist das Alleinstellungsmerkmal (USP – Unique Selling Proposition in der Marketing-Fachsprache)?
- Was sind die Vorteile und was die Nachteile der Seite?

Den Wettbewerbern stellen Sie Ihre eigene, geplante Seite gegenüber. Positionieren Sie sich in jedem Fall anders als die Wettbewerbsangebote – möglichst kantig und ohne viel Interpretationsspielraum zu lassen. Beispiel: Eine Wettbewerbsfirma verkauft ein poppig-buntes Sofa, und zwar nur über das Internet. Auch Sie haben ein Sofa gestaltet, wollen es ausschließlich über das Internet verkaufen, doch zeichnet sich Ihres durch modernes, funktionales Design aus, nicht durch schrille Neonfarben. Ihre Zielgruppe ist somit eine andere als die des Popsofa-Herstellers, wahrscheinlich etwas älter, designorientierter, wohl auch betuchter. Zeichnen Sie ein möglichst genaues Bild dieser Zielgruppe. Sie müssen »Ihre Leute« geradezu vor sich sitzen sehen! Dabei werden Sie auch erkennen, wie Ihre Zielgruppe denkt, welche Zeitschriften sie liest, welche Fernsehsendungen und welche Internetangebote sie bevorzugt. Wahrscheinlich wird Ihnen klar, dass Ihre Sofakäufer weder Zuschauer von *Bravo TV* noch von *Top of the Pops* sind, sondern lieber n-tv oder die ARD einschalten und außerdem den *Spiegel* und die FAZ lesen? Sofa ist eben nicht gleich Sofa.

Was heißt eigentlich »E-Commerce«?

Es ist in aller Munde: Jüngst ist das Wort »E-Commerce« – elektronischer Handel – in den Duden aufgenommen worden. Über die Auslegung des Begriffs jedoch schreiben wahrscheinlich gerade Studenten der unterschiedlichsten Disziplinen eine Diplom- oder Magisterarbeit. Die Bedeutung dieses Wortes hat beinahe schon philosophischen Charakter. Ist es schon das Verschicken einer E-Mail an den Kunden? Oder beschreibt E-Commerce nur den Vorgang des Verkaufens in einem Online-Shop? Ist E-Commerce auch Kundenservice? Der Austausch von Informationen über ein Produkt?

E-Commerce

E-Commerce ist weit mehr als der Prozess des Verkaufens im und über das Internet. Im weiteren Sinne schließt es alle verkaufsfördernden Online-Maßnahmen mit ein. Das kann ein Gewinnspiel zur Produktpromotion sein oder eine einfache Produktpräsentation. Auch eine E-Mail an den Kunden gehört dazu, ebenso wie die Reklamationsbearbeitung (auch die prompte Bearbeitung von Reklamationen dient der Verkaufsförderung!). In der Marketing-Fachsprache spricht man auch davon, dass E-Commerce den gesamten Verkaufsprozess sowie Pre- und Aftersale-Maßnahmen mit einschließt. Mit Presales sind all jene Aktionen gemeint, die nötig sind, um einen Kunden für ein Produkt zu interessieren. Der Begriff Aftersale umschreibt die Kundenpflege nach dem Verkauf, etwa die Aufnahme des Käufers in eine Kundendatenbank.

Business to Business (B2B)

Beim Verkauf über das Internet können Sie Ihre Produkte an einen Großhändler bzw. Vertrieb (Business to Business oder B2B) oder direkt an den Endverbraucher (Business to Consumer oder B2C) verkaufen. B2B betrifft die komplette Zulieferindustrie, aber auch Geschäfte, deren Produkte an den Endverbraucher weiterverkauft werden.

B2B-Webseiten liegt eine andere, technisch und organisatorisch sehr komplexe Shop-Konzeption zugrunde. B2B-Webseiten können häufig nur von bestimmten Handelspartnern eingesehen werden. Auch die Individualisierung des Angebots ist größer: Verschiedene Handelspartner zahlen mitunter auch verschiedene Preise, haben spezielle Rabatte. Dazu kommen länderspezifische Unterschiede bei der Preisgestaltung und beim Sortiment. Insgesamt gibt es eine Menge Aspekte, die den strukturellen Aufbau einer B2B-Seite verkomplizieren können. B2B gilt als einer der wachstumsstärksten Bereiche im Internet. Börsennotierte Unternehmen im B2B-Bereich – etwa Commerce One, ein Partner der deutschen SAP – schreiben im Gegensatz zu den oft kränkelnden großen B2C-Firmen oft schwarze Zahlen.

Business to Consumer (B2C)

B2C bedeutet, dass eine Ware oder ein Dienstleistungangebot direkt an den Endverbraucher verkauft wird. B2B ist kompliziert – das heißt nicht, dass eine B2C-Seite einfach sein muss! Wer Kunden individualisierte Seiten und Ansprache bietet, hat hier wie dort die Nase vor. Lange Zeit waren B2B und B2C strikt voneinander getrennte Bereiche. Mittlerweile entstehen immer mehr Web-Lösungen, die sich sowohl an Endverbraucher als auch an Händler wenden. Viele B2C-Unternehmen expandieren in den B2B-Bereich, der oft lukrativer ist und deutlich größere Gewinnspannen verspricht. Umgekehrt gibt es auch B2B-Firmen, die den Endkonsumenten als Abnehmer entdecken und gewinnen wollen.

WWW Wichtige Adressen

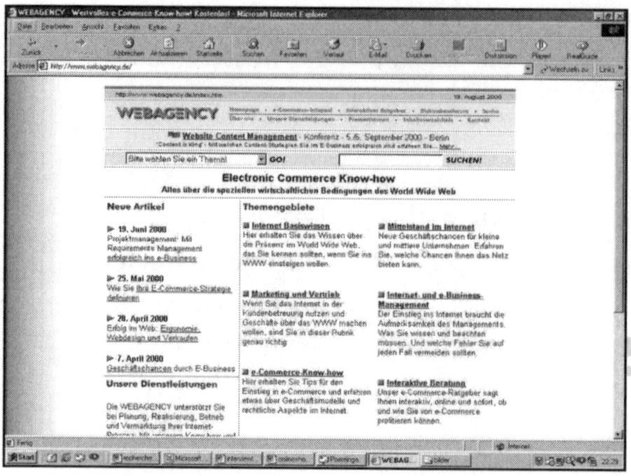

www.webagency.de

Die wohl beste Seite zum Thema E-Commerce im Internet bietet Hintergrundinformationen, Nachrichten und Definitionen sowie Checklisten.

Was Ihre Kunden wollen

Nicole Vanderbilt, Marktforscherin von Jupiter Communications *(www.jup.com)*, verkündete Mitte 2000, dass der europäische E-Commerce von 2,9 Milliarden Euro im Jahre 1999 auf 64,4 Milliarden im Jahre 2005 anwachsen werde. Diese rosigen Aussichten begründete sie mit der zunehmenden Erfahrung der Surfer. Je länger man online sei, desto geringer die Scheu vor dem ersten Kaufklick. Dies zeigten auch die Erfahrungen in den USA. Dort kaufen bereits 16 Millionen Menschen online ein.

In Deutschland sind wir im Vergleich zu den USA noch immer Entwicklungsland. Doch es tut sich etwas: Der Anteil der deutschen Haushalte mit Internetanschluss ist von Februar bis August 2000 um rund 30 Prozent gestiegen. Ende 2000 verfügten etwa 3 von 10 deutschen Haushalten über einen Internetzugang. Anders als in den USA, wo bereits kräftig gekauft wird, plant man hierzulande derzeit noch lieber, als selbst aktiv zu werden und online shoppen zu gehen. Doch immerhin wächst der Anteil der Internetnutzer, die konkret einen Online-Einkauf planen, stetig. Waren es im Frühjahr 1996 noch 63,3 Prozent, die »bestimmt« oder »vielleicht« etwas im World Wide Web einkaufen wollen, so outeten sich in der ersten Befragung 2000 schon über 90 Prozent als Bald-Käufer. Die Werbung für E-Commerce-Angebote ist offenkundig wirksam: Seit dem Herbst 1997 hat sich der Anteil derjenigen, die »ganz bestimmt« innerhalb der nächsten sechs Monate im Internet etwas einkaufen wollen, mehr als verdoppelt (nach *www.w3b.de*). Im gleichen Zeitraum ist die Gruppe der »Unschlüssigen und Ablehner« um rund 70 Prozent geschrumpft. Durchschnittlich zahlen Internetnutzer 62 Mark für ein Produkt oder eine Dienstleistung (Quelle: GfK, 6. Untersuchungswelle 2000, *www.gfk.de*).

Auf die Frage »Haben Sie die Absicht, das WWW im nächsten halben Jahr zum Shopping zu benutzen?« antworteten Internetnutzer folgendermaßen:

55,3 Prozent:	Ja, bestimmt
34,4 Prozent:	Vielleicht
0,3 Prozent:	Nein
9,6 Prozent:	Weiß nicht

(Quelle: w3b-Studie 2000, Fittkau & Maaß, *www.w3b.de*)

Produkte der mittleren Preiskategorie verkaufen sich im Internet am besten; schlecht verkäuflich sind dagegen besonders hoch- oder extrem niedrigpreisige Produkte. So kauft sich kaum jemand ein Haute-Couture-Kleid für 5000 Mark im Internet. Ähnlich schleppend laufen Zahnbürsten für 2,50 Mark. Des Weiteren gibt es bestimmte Produkte, für die sich online ein besonders geeigneter Markt erschließt. Früher handelte es sich dabei vor allem um Computer, Soft- und Hardware. Doch das Publikum im Internet ist heute ein anderes als 1997, als im wesentlichen Computerfreaks und Studenten das Netz bevölkerten. Die Struktur der Internetnutzer gleicht sich immer mehr der »normalen« demographischen Struktur an. Verkauft wird jetzt, was die Leute auch im normalen Leben häufig kaufen. So sind Bücher immer stärker gefragt, aber auch Reisen – und hier vor allem Flugtickets oder Hotelzimmer – werden zunehmend über das Internet gebucht. Sehr gut lässt sich Spielzeug über das Internet verkaufen. In den USA war Spielzeug laut einer Untersuchung des Online-Dienstes AOL im Jahr 2000 sogar die meistbestellte Produktgruppe.

Neben diesen statistisch erfassten Warengruppen gibt es aber auch eine Menge Nischenprodukte, die in keiner Statistik auftauchen, da Ihre Märkte zu klein, zu speziell sind. Nichtsdestotrotz bieten genau diese Nischenprodukte, ebenso wie pfiffige Dienstleistungen, gute Chancen für neue Shops.

Was Frauen und Männer gerne anders kaufen

Männer kaufen Autos, Frauen Mode? Ein Klischee, aber wahr. Männer und Frauen im Internet verhalten sich klischeehaft, und das ist für die Konzeption Ihres Online-Shops wichtig zu wissen. Schließlich werden Frauen oft auch von einer anderen Optik und anderen Farben angesprochen als Männer. Auch das Rahmenangebot einer Homepage sollte etwas anders gestaltet sein, wenn Sie vor allem auf eine weibliche Klientel abzielen. Aus Marketingsicht ist es für Sie dann wichtig zu wissen, dass der weibliche Internetnutzer Chats und E-Postkarten liebt, der männliche für derartige

Spielereien aber wenig übrig hat (es sei denn, sie finden bei Beate Uhse statt – auch ein Klischee, das Marktforscher bestätigen) und sich lieber in sachlich und schnörkellos ausgerichteten Newsgroups austauscht.

Laut Fittkau & Maaß kaufen Frauen besonders gerne Kleidung, Schmuck und Accessoires sowie Körperpflegeprodukte und Kosmetik. Männer dagegen konzentrieren sich auf »klassische« Internetware wie Computer (Hard- und Software). Auch ein Auto würde ein Mann eher über das Internet ordern als eine Frau, wenn auch teure Artikel als schwer verkäuflich gelten. Flugtickets, Reisen sowie Bücher werden von beiden Geschlechtern etwa gleich gerne online gekauft. Und dass Erotik- und Sexartikel bei Frauen zumindest im Internet wesentlich schlechter ankommen, war zu erwarten.

Online-Dienstleistungen kommen

Stark im Kommen sind Dienstleistungen zum »Einkaufen«, beispielsweise im Bereich der Bildung und Weiterbildung. Bis zum Jahre 2005 werden laut einer Untersuchung der Gartner Group (*www.gartner.com*) Online-Learning-Angebote 14 Prozent aller Weiterbildungsangebote ausmachen. Welche Chancen Ihr Business-Modell hat, können Sie auch anhand einer Marktstudie überprüfen. Solche Studien sind, etwa bei Jupiter, ab rund 2500 Mark erhältlich, im Einzelfall kosten sie aber bis zu 30 000 Mark. Bei Jupiter lassen sich Studien online einkaufen – auch dies eine Form von Online-Shop, die zeigt, wo interessante Märkte im Internet liegen. Meistens sind die Marktuntersuchungen für die USA oder den europäischen Bereich konzipiert. Deutsche Studien erhalten Sie bei Marktforschungsinstituten wie GfK und W3B. Leider gibt es im Bereich E-Commerce erst wenige Studien speziell für den deutschen Markt. Für Studien, die Sie sich exklusiv von einem Marktforschungsunternehmen erstellen lassen, müssen Sie in der Regel einige zehn- bis hunderttausend Mark investieren.

www Wichtige Adressen: Marktforschung

www.w3b.de (deutsch)
www.gfk.de (deutsch)
www.gartner.com (englischsprachig)
www.jup.com (englischsprachig)

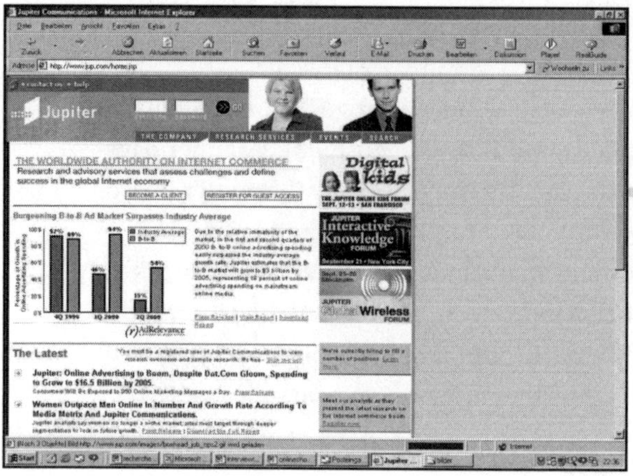

www.jup.com

Bei Marktforscher Jupiter Communications können Sie sich über neueste Trends im E-Commerce informieren und Studien direkt online bestellen.

www.jup.com

Der richtige Typ: Welche Art von Shop wollen Sie betreiben?

Saftläden haben in der Offline-Welt Hochkonjunktur (Johannisbeer-Pistazien-Cocktail oder Erdbeer-Karotte?). Im Internet haben sie wohl kaum eine Chance. Dafür ist die Vielfalt an E-Commerce-Residenzen hier größer, denn der Begriff »Shop« lässt sich sehr viel weiter fassen. Ein Shop entsteht überall dort, wo Produkte, Dienstleistungen oder »Content«, neudeutsch für Inhalt/Text, verkauft werden.

urbia.de

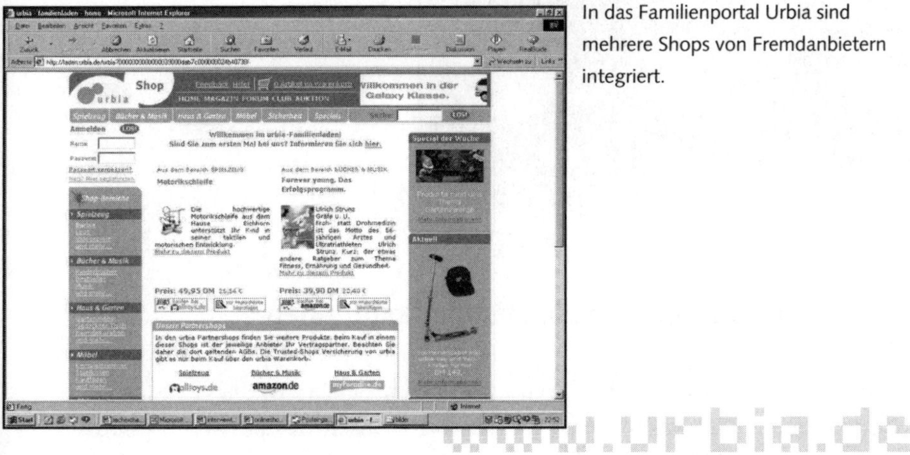

In das Familienportal Urbia sind mehrere Shops von Fremdanbietern integriert.

Dieser Handel kann sich in einem Shop, innerhalb eines Portals, auf einem Marktplatz oder in einem Auktionshaus abspielen. Auch »Shopping-Malls« gibt es – das Äquivalent zu einem Einkaufscenter oder einem großen Warenhaus. Eine Besonderheit des Internets sind Portale. Dies sind Seiten mit einem umfassenden, aber auf ein Thema ausgerichteten Angebot, wie es das Familienportal *www.urbia.de* bietet. Der integrierte Shop spielt bei solchen Angeboten nur eine Nebenrolle. Spezialität des Netzes sind auch Marktplätze. Hört sich nach Gemüsefrau an? Nein: Marktplätze sind keine Handelsplätze für frisches Obst und Gemüse, sondern Umschlagplätze für die Waren, zum Beispiel die Waren einer bestimmten Branche. Merkmal: An einem Marktplatz ist nicht nur eine Firma beteiligt, ein Marktplatz bringt viele verschiedene Verkäufer zusammen. Eigentlich läuft das so ähnlich wie zwischen Gemüsestand und Käsetheke: Viele verkaufen ähnliche oder sich ergänzende Waren. Marktplätze sind nach Produkten und Angeboten aufgliedert und nicht nach Firmen.

www.www.seminar-shop.de

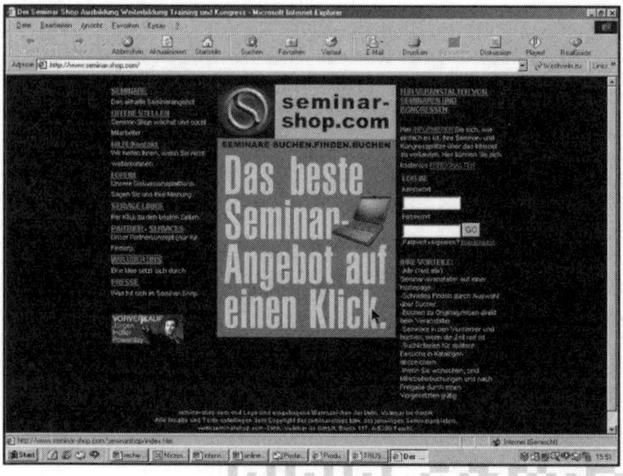

Ein Marktplatz für Seminare: Verschiedene Seminar-Anbieter werden auf dieser Seite zusammengeführt. Betreiber solcher Marktplätze erhalten eine Art Maklerkaution, denn sie sind Mittler für die Angebote anderer Firmen.
Einen Marktplatz für das Thema Lernen bietet die Telekom mit *www.global.learning.de*

www.seminar-shop.de

B2B-Marktplätze: Globale Händlerkoalitionen

Erinnern Sie sich an Dallas? Wenn J.R. Ewing seinen Wettbewerber und Kontrahenten Cliff Barnes reinlegte, war die Fernseh-Businesswelt in Ordnung. In der wirklichen Welt grenzten sich die Händler einer Branche früher möglichst weit voneinander ab. Je weniger man voneinander wusste, desto besser konnte man Geheimnisse wahren.

Das Internet führt auch hier zu einer Revolution, denn es bringt Händler zusammen. So entstehen immer mehr brancheninterne, aber auch -übergreifende Händler-Koalitionen. Auf ihren B2B-Marktplätzen vertreiben sie ihre Produkte unter einem Dach. Verkauft wird oft über einen Katalog, wobei online auch kundenspezifische Preise generierbar sind, oder – in

Deutschland sehr beliebt – über Auktionen von Firma zu Firma. Zu den wachstumsstärksten B2B-Branchen weltweit gehören die Bauwirtschaft, der Gesundheitssektor, Finanz- und Versicherungsdienstleistungen sowie der Lebens- und Genussmittelbereich. Jede dieser Branchen hat inzwischen ihren eigenen Marktplatz.

Branchen-Know-how ist gefordert

Wenn von Unternehmen zu Unternehmen verkauft wird, fließen in der Regel größere Beträge von der einen zur anderen Seite. Schließlich kauft ein mittelständisches Unternehmen beim Bürobedarfshersteller nicht nur einen einzigen Aktenordner, sondern in der Regel gleich Hunderte ein. Aber auch die Variationsmöglichkeiten bezogen auf Preis und Lieferkonditionen sind größer. Bei B2B-Marktplätzen handelt es sich häufig um größere Projekte, in die mehrere Firmen eingebunden sind, die ihre Waren anbieten. Sie lassen sich nur von Branchenkennern entwickeln, in Zusammenarbeit mit Softwarefirmen, die das technische Know-how liefern. Schließlich muss die Technik eines Marktplatzes äußerst komplex sein, um den hohen Ansprüchen der Einkäufer gerecht zu werden.

Gute Ideen sind gerade im B2B gefragt

Spezialisten, die wissen, wie eine bestimmte Branche aufgestellt ist, können auch am ehesten die Marktlücken erspüren, die im Internet bestehen. Glaubt man Fachleuten, gibt es hier trotz rasanter Entwicklung und einiger Rückschläge noch einiges an Potenzial! Deutschland soll mit rund 20 Milliarden Dollar Umsatz im Jahr 2003 der Spitzenreiter im B2B in Europa sein. Wachstumsmöglichkeiten sieht beispielsweise Marktforscher Berlecon Research (*www.berlecon.com*) für die Branchen Energie, Agrarwirtschaft, Mess-, Prüf- und Testgeräte, Lebens- und Genussmittel sowie den Groß- und Einzelhandel. Zudem besteht ein großer Bedarf an verbesserten Angeboten: Laut einer Untersuchung der Unternehmensberatung Mummert + Partner (*www.mummert.de*) stellen derzeit nur etwa 15 Prozent aller Marktplätze den Kunden in allen Geschäftsstadien wirklich zufrieden. Auch gute neue Ideen wie die der Berliner Work XL AG (*www.workxl.de*) sind gefragt. Work XL versteht sich als Einkaufsmanagement-Plattform für KMUs (kleine und mittlere Unternehmen). Ziel: automatisiert aus einer Vielzahl von Angeboten das individuell Passende zu finden.

Tipp **DCI Webtradecenter**

Warum das Rad neu erfinden, wenn es längst rollt? Über 42 Prozent der gesamten B2B-Webtransaktionen laufen über das Webtradecenter der DCI AG (eigene Angaben). Auf dem Marktplatz *www.webtradecenter.de* können Händler Ihre Produkte an andere Händler, aber auch an Endkunden verkaufen. Gerade für kleinere B2B-Händler ein Riesenvorteil: Sie sparen Zeit und Kosten in verschiedenen Bereichen, nutzen zudem einen bereits bei Einkäufern bekannten und etablierten Marktplatz. Händler können das Webtradecenter vier Wochen kostenlos testen.

Tipp **B2C-Marktplätze brauchen starken Inhalt**

Bei einem B2C-Marktplatz ist der kommerzielle Erfolg häufiger auch eine Frage des *Contents*, der inhaltlichen Qualität, wie der Erfolg des Auktionshauses und Marktplatzes Ebay zeigt. Noch wichtiger als im B2B ist die Bindung des Kunden an die Seite – und die erfolgt nur in seltenen Fällen über den reinen Verkauf. Instrumente, mit denen Sie Kunden binden, sind etwa Inhalte, die nur Ihre Seite bietet, ferner Chaträume, Clubs und Foren.

Marke Tante Emma: Der kleine Online-Shop

Tante Emma ist out, Onkel Emma lebt – jedenfalls im Internet. Unter *www.onkelemma.de* beweist ein kleiner Shop, dass der Charme des Internets gerade in den kleinen Seiten steckt.

Für Präsenzhändler kann ein kleiner Shop im Internet eine prima Ergänzung sein. Wer Online- und Offline-Welt verknüpft, dem gehört die Zukunft.

Denken Sie bei Ihrer Konzeption für das Internet nicht nur an den direkten Verkauf! Viele Kunden treffen im Netz Ihre Kaufentscheidung, gehen aber dann doch lieber selbst vor Ort in das Geschäft. Je teurer die Ware, desto größer wird in der Regel die Klientel all derer sein, die lieber guckt, Probe fährt oder anzieht. Das Internet kann für Sie ein preisgünstiges Instrument zur Kundeninformation und eine zentrale Vorverkaufsplattform werden!

Sorgen Sie für Kaufgefühl

Wichtig ist, dem Medium Internet gerecht zu werden. Bedenken Sie dies auch, wenn Sie einen reinen (kleinen) Internet-Shop eröffnen möchten: Kunden stöbern gern, möchten anfassen, werden gerne umfassend informiert und beraten. Ihre Produkte müssen noch konkreter beschrieben sein, noch mehr Information bieten, ein richtiges Vorort-Kaufgefühl vermitteln. Wie kann der Kunde in seiner Entscheidung gestützt werden, was bringt ihn dazu, Ihnen eine Lastschriftermächtigung zu geben oder gar seine Kreditkartennummer zu offenbaren? Arbeiten Sie nach dem Katalog-Prinzip: konkrete, kurze Beschreibung, Bilder, detaillierte Preisinformation.

Tipp **Der echte Katalog vermittelt Kaufgefühl**

Der Versandhandel im Internet ist äußerst erfolgreich, weil die Kombination aus Katalog und Online-Bestellmöglichkeit maximalen Komfort bietet – rund um die Uhr. Bieten Sie nach Möglichkeit auch einen echten Katalog zum Bestellen oder Ausdrucken an, wie es auch das Software-Kaufhaus *www.softline.de* sehr erfolgreich macht. Es gibt immer noch viele Menschen, die lieber blättern als sich durch Webseiten zu klicken.

Shops in Portalen: Erfolg mit Communities

Ursprünglich boten Portale kaum mehr als ein Tor ins Internet: Von hier aus sollten Surfer zu den unterschiedlichen Angeboten finden. Erste Portale entstanden bei Online-Diensten wie AOL und Suchmaschinen wie Yahoo. Mehrere solcher Portale bilden Interessengemeinschaften: Communities. Wer es geschafft hat, sich eine solche Community aufzubauen, schafft es auch, einen Shop zu integrieren und zu etablieren – der natürlich thematisch zur Community passen sollte. Beispiel Yahoo: Die Suchmaschine hat ein eigenes Auktionshaus und verkauft inzwischen auch über einen Online-Shop.

Wer ein Portal aufbauen möchte, sollte aufpassen, denn nur über spezifische Themen – echte »Special Interests« – lassen sich noch neue Gemeinschaften gründen. Derzeit floriert der Sektor Familie und Gesundheit.

Doch nicht jedes Portal wird sich durchsetzen und eine treue Community binden können. Wichtig für den Erfolg ist vor allem ein interessantes Rahmenprogramm: Chats, Foren, Expertensprechstunden, Lexika – und: Informationen über Informationen, am besten täglich neu. Weniger wichtig sind perfekte Optik und neueste Technik, da ein Portal in erster Linie der Informationsvermittlung dient. Dennoch sollte die technische Basis optimale Schnelligkeit und maximalen Bedienkomfort garantieren. Beispiel Evita *(www.evita.de)*, ein Portal der Deutschen Post AG: Extreme Langsamkeit hemmt das Surfvergnügen.

Shops sind die Einnahmequelle von heute

Shops sind in einem Portal nur Beigabe. Ein erfolgreiches Prinzip funktioniert ähnlich wie beim BUND (Bund für Umweltschutz und Natur) offline. Beim BUND können Mitglieder ausgewählte Produkte, zum Beispiel Öko-Weine, über einen Katalog auswählen und bestellen. Die Produkte passen hier zum Angebot.

Daneben bietet es sich auch an, einen Shop in die Seiten einzubinden, in dem Sie die Produkte anderer Anbieter verkaufen. Sie haben so eine zusätzliche Einnahmequelle, kassieren zum Beispiel einen Monatsbeitrag sowie Prozente bei jeder Bestellung. Dafür müssen Sie keine eigene Logistik entwickeln, denn die komplette Abwicklung übernimmt der Verkäufer.

WWW Wichtige Adressen: Beispiele für erfolgreiche Portale

www.vivendo.de (Einkaufsportal)
www.9monate.de (Schwangerschaft und Geburt)
www.deutschlandmed.de (Gesundheit)
www.global-learning.de (Lernportal der Telekom)
www.aol.de (shop@aol.de – Shopping-Portal bei AOL)

Shopping-Malls: Virtuelle Einkaufszentren

Einkaufszentren waren neben den Pop-Gruppen Queen, Kiss und The Sweet der Hit in den Siebzigern. Endlich alles unter einem Dach, Schaufensterbummeln in überschaubaren (und überdachten) Räumen, unabhängig vom Wetter sein. Im Internet funktioniert das Shopping-Mall-Prinzip nicht: Niemand muss sich vor Regen schützen und zum Bummeln hat das Internet nun wirklich nicht die richtige Atmosphäre.

Bekannte Malls sind die Online-Shops von Kaufhof und Karstadt, die bisher jedoch kaum erfolgreich waren, wohl auch aufgrund einer nicht internet-gerechten Benutzerführung.

Wichtig ist eine Bindung an den Offline-Betrieb über die Dachmarke, also über den guten Namen eines Unternehmens: Ein Karstadt-Kunde geht auch im Internet eher zu Karstadt als zu Kaufhof. Doch haben Einkaufszentren im Internet überhaupt eine Chance? Die Frage ist mit »nein« zu beantworten. Alle Neueinsteiger sollten auch deshalb die Finger von der Idee einer Mall lassen, da der Markt von den Branchenriesen der Old Economy besetzt ist, die Ihre Konzepte finanzstark durchsetzen können.

WWW Wichtige Adressen: Shopping Malls

www.karstadt.de
www.kaufhof.de
www.libri.de

Neue Trend-Shops: Vom Content-Vertreiber zum personalisierten Dienstleistungs-Verkäufer

Wahrscheinlich war das Wort »Content« neben dem »Warmduscher« eines der meistverwendeten Wörter 2000. Content ist ein Schlagwort, das im Zusammenhang mit dem Internet eine große Karriere gemacht hat.

Dabei bedeutet Content nichts anderes als »Inhalt«: News auf einer Seite sind Content, aber auch fachkompetent zusammengetragene Hintergrundinformationen, selbst Aktienkurse fallen unter diesen Begriff. Eine Seite steht und fällt mit gutem Content – ein Grund, aus dem immer mehr Content für Webseiten verkauft wird, beispielsweise von Verlagen wie Hightext *(www.hightext.de)*. Der Markt ist so groß, dass dafür ein eigener Berufszweig entstanden ist: Der Content-Manager sorgt für die Zusammenstellung einer spannenden Webseite. Und er muss wissen, wo man guten Content einkaufen kann. Vielleicht demnächst bei Ihnen?

www.hightext.de

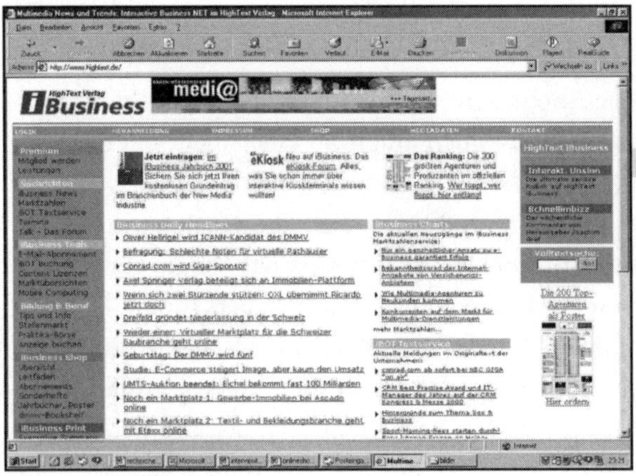

Der Hightext-Verlag verkauft auch Content an andere Webseiten.

Eine Personalberatung, die Seminare anbietet, würde niemand als Shop bezeichnen. Ebensowenig eine Sprachakademie. Im Web ist das anders, da gibt es zum Beispiel den Seminarshop, über den Seminare online gebucht werden. Oder *Expertcity.com*, wo Experten ihre Fachkenntnisse »verkaufen«. Der Dienstleistungssektor im Internet expandiert. Fachleute sehen die Entwicklung des Netzes gar mehr und mehr in Richtung Dienstleistungs-Butler. Das Internet bietet personalisierte Dienste an und macht sich damit wirklich einmalig und unverwechselbar, denn solche Dienste sind in der Offline-Welt nicht denkbar. Beispiel: individuelle Radioprogramme per Mausklick oder Zuruf, ohne langes Suchen sofort den richtigen Seminar-Trainer – hier und nicht im einfachen Verkaufen liegt die Zukunft des Web und vielleicht auch Ihre Chance.

www.expertcity.com

Fachleute bieten grenzüberschreitend ihr Know-how an. Firmen oder Privatleute kaufen projekteweise ein. Auch das ist E-Commerce.

Was Sie mitbringen müssen, um einen Shop on top zu halten

Da haben Sie im Möbelhaus diesen wunderschönen Schrank entdeckt, zudem noch als Sonderangebot. Was sagt der Verkäufer? »Lieferzeit sechs Wochen.« Ganz schön ärgerlich. Und gut, dass es im Internet viel schneller geht.

Ein Kunde, der über das Internet bestellt, ist schnell »bedient«, wenn er lange auf seine bestellte Ware warten muss. Es ist tödlich, ein auf der Homepage gegebenes Lieferversprechen (»Lieferung innerhalb von zwei Arbeitstagen«) nicht zu halten. Im Internet spielt Service eine noch viel größere Rolle als in normalen Läden: Mürrische Verkäufer und bürokratische Abläufe bei Umtausch und Reklamation sind schlimm, aber offenbar verzeihlich. Online sieht das anders aus: Gerade die Webseiten mit vorbildlichem Kundenservice haben sich etablieren können, und das hat seinen Grund. Der Buchhändler Amazon ist ein Paradebeispiel. Direkt nach der Bestellung erhält der Kunde eine Bestätigungs-E-Mail, die ihm über die Lieferzeiten für das bestellte Buch Auskunft gibt. Die Bücher kommen gut verpackt und pünktlich an. Aber auch jenseits des Bestellwesens funktioniert das konsequente Dienstleistungsprinzip: Anfragen werden prompt und innerhalb von 24 Stunden beantwortet, der Kunde fühlt sich bei jedem Anliegen ernst genommen.

Was können Sie leisten?

Können Sie solchen Service selbst gewährleisten oder brauchen Sie dafür zusätzliches Personal? Wer beantwortet telefonische Anfragen? Aber auch wenn Sie keine Hotline bieten möchten, sondern Ihren Support per E-Mail abwickeln: Können Sie dies allein und jede Anfrage in einer dem Medium angemessenen Zeit bewältigen (und das heißt im Internet: innerhalb von 24 Stunden!)? Die meisten reinen Online-Shop-Betreiber sind anfangs Ein- bis Zweimannbetriebe und übernehmen von der Bestellannahme bis zum

Mahnwesen alles selbst. Sie schreiben Newsletter für Ihre Kunden (siehe Marketing-Teil), beantworten E-Mails, ärgern sich (vielleicht) über Lieferanten und aktualisieren die Homepage selbst. Da entsteht schnell ein 12-Stunden-Job.

Drei Monate Aufwärmen ist normal

Die ersten drei Monate gelten im Allgemeinen als Anlaufphase. Der Online-Shop wird langsam bekannt, setzt sich auch in den Suchmaschinen durch, erste Bestellungen gehen ein. Nach etwa einem halben Jahr sollten Sie bei entsprechender Vermarktung einen durchschnittlichen »Traffic« (Verkehr auf Ihrer Homepage) erreicht haben, der von da an ohne weitere Werbemaßnahmen keine wesentlichen Sprünge mehr macht. Sinkt der Traffic nach einem halben Jahr, ist dies ein schlechtes Zeichen: Passiert zu wenig auf der Homepage? Kommen Besucher einmal und nie wieder? Denken Sie immer daran, für Abwechslung zu sorgen!

Ab welchem Zeitpunkt Sie wirklich zusätzliches Personal brauchen, kann Ihnen niemand im Voraus sagen. Sie müssen Ihren Markt sicher auch eine Weile beobachten und Erfahrungen sammeln. Auf jeden Fall sollten Sie aber für alle positiven Entwicklungen gewappnet sein, ohne sich zu euphorisch einen großen Mitarbeiterstamm aufzubauen. Kümmern Sie sich frühzeitig um Nachwuchs und schalten Sie Anzeigen in einem Internet-Stellenmarkt, wenn Sie für Ihr neues E-Commerce-Unternehmen Angestellte benötigen.

WWW Wichtige Adressen: Stellenmärkte im Internet

www.arbeitsamt.de
www.jobscout24.de
www.jobpilot.de
www.stellenmarkt.de
www.wwj.de
www.stepstone.de

Machen Sie sich einen Business Plan

Eine Idee allein bewirkt noch gar nichts, so gut sie auch sein mag. Damit die Idee feste Konturen annimmt, empfiehlt es sich, einen Plan zu machen. Diesen Business Plan sollten Sie regelmäßig Ihrem Geschäftsverlauf anpassen. Selbst wenn Sie nicht auf die Suche nach Kapitalgebern gehen möchten oder müssen, ist es sehr hilfreich, Ideen, Marketingstrategien, Termin- und Finanzpläne in schriftliche Formen zu gießen. Was ist ihr Alleinstellungsmerkmal? Wo liegen die Stärken Ihres Shops? Welche Maßnahmen zum Marketing wollen Sie ergreifen? Und: Wann erwarten Sie, von Ihren Einnahmen leben zu können?

Zentrale Bedeutung hat der Finanzteil mit allen Einnahmequellen und Kostenfaktoren. Gerade bei den Kostenfaktoren machen viele Existenzgründer Fehler, denn Ausgaben werden tendenziell immer unter-, Einnahmen dagegen oft überschätzt.

www | Wichtige Adressen

Ideal als Vordruck ist die Checkliste Business Plan:
www.businesswoman.de/a_aktionscheck.html
Eine Anleitung zur Erstellung eines Business Plans:
www.marketing-consult.de/busi.htm

ok | Checkliste für Ihren Business Plan

- **Rechtsform:** Welche Rechtsform soll gewählt werden (siehe Kapitel »Existenzgründung im Web«, Seite 45)?
- **Team:** Gibt es Mitgründer? Wer sind sie? Von jedem Mitgründer sollten Sie einen ausführlichen Lebenslauf erstellen. Zudem muss klar sein, für welche Aufgabe der Mitarbeiter künftig zuständig sein soll und was ihn dafür qualifiziert.

- **Markt und Produkt:** Was zeichnet Ihr Produkt aus? Wie setzt sich der Markt zusammen? Belegen Sie Ihre Aussagen mit aktuellen Zahlen aus Studien.
- **Wettbewerbsanalyse:** Was macht die Konkurrenz? Welchen Marktanteil hat sie? Welchen Marktanteil wollen Sie erzielen und bis wann? Welche Preispolitik fahren Sie im Gegensatz zur Konkurrenz?
- **Expansion:** Wer hoch hinaus will, sollte nicht regional denken, sondern auch schon andere Länder im Blick haben, auf die sich das Business-Modell übertragen lässt.
- **Produktion / Zulieferer:** Wer sind Ihre Lieferanten, oder stellen Sie das Produkt selbst her? Wie ist die voraussichtliche Preisentwicklung der Zuliefererprodukte? Zu welchen Konditionen können Sie Produkte einkaufen?
- **Waren-Absatz:** Was sind Ihre Vertriebswege? Wer Ihre Kunden? Haben Sie schon AGBs (Allgemeine Geschäftsbedingungen) entwickelt?
- **Finanzierung:** Wie viel Geld benötigen Sie in der ersten Phase und für welche Investitionen? Was sind Ihre Kosten- und was Ihre Einnahmequellen? Wie wird sich Ihre Finanzsituation in drei, sechs oder zwölf präsentieren?

Vorsicht, Nebenkosten! Denken Sie beim Business Plan an Ihre Gewinne

Wieder einmal Amazon. Der Online-Buchhändler ist fast schon Synonym für einen Online-Shop. Was für ein Erfolg! Leider nur des Marketings – bei den Finanzen sieht es düster aus. Amazon wird wahrscheinlich noch rote Zahlen schreiben, wenn dieses Buch in der dritten Auflage erscheint.

Das Amazon-Beispiel ist ein Extrem, doch symptomatisch. B2C-Seiten kommen schwerer in die schwarzen Zahlen als B2B-Shops. Ein wesentlicher Grund: Gerade im niedrigpreisigen Bereich lässt das Internet mit seiner Notwendigkeit zur bedingungslosen Kundenorientierung oft kaum Raum für Gewinne.

Sie müssen Service bieten, um wettbewerbsfähig zu sein

Dies kann kaum durch Preiserhöhungen aufgefangen werden: Wer konkurrenzfähig gegenüber den Offline-Händlern bleiben will, muss wettbewerbsfähige Preise haben. Und mehr Service bieten. Das kann Sie als Internethändler ganz schön viel Geld kosten. Sehr kritisch sind unter diesen Aspekten Online-Shops mit den derzeit typischsten Internet-Produkten, CDs und Büchern. Die großen Shops haben hier schon den Weg bereitet; der Kunde erwartet die Übernahme von Versandkosten, wie dies alle großen Händler machen. Hohe Versandkosten aber wiederum mindern den Gewinn. Wenn überhaupt etwas übrig bleibt: Nicht selten zahlt der Versender sogar drauf. So gibt ein Online-Buchhändler pro Lieferung etwa sieben Mark für die Logistik aus – auch wenn nur ein Taschenbuch für 12,80 DM geliefert wird. Einzelbestellungen und niedrige Bestellsummen sind jedoch die Regel, nicht die Ausnahme!

Schaffen Sie einen guten Produktmix und Kaufanreize

Hohe Nebenkosten lassen sich nur durch Masse ausgleichen – der Versuch, höhere Bestellsummen durch cleveres Marketing zu erzielen. Zentral ist hierbei ein vernünftiger Produktmix. Auf das Beispiel Buchhandel bezogen: Das Ziel ist es, mehr teure Bildbände als billige Taschenbücher zu verkaufen. Doch hier liegt schon ein Widerspruch in sich: Taschenbücher sind Massenware, Fotobände haben eine sehr viel spezifischere Klientel. Dennoch gibt es natürlich marketingwirksame Anreize, die jeweilige Bestellsumme zu erhöhen, etwa indem ab einer Bestellsumme von hundert Mark ein Geschenk mitgeliefert wird. Aber auch das muss sich erst mal für Sie rechnen. Bei anderen Warengruppen kann dies ganz anders aussehen. Wer ein Designerkleid für 2000 Mark verkauft, dürfte eine satte Gewinnspanne haben und sich das Geschenk leisten können. Ebenso wie den Verkauf vieler Hundert-Mark-Halstücher – der Produktmix hat hier einen ganz anderen Schwerpunkt.

Auf der anderen Seite bieten vollautomatisierte Prozesse auch für niedrigpreisige Produkte Einsparpotenzial, die der Präsenzhandel nicht besitzt. Diese wiederum ermöglichen auch bei günstigen Produkten eine ganz andere Berechnungsgrundlage.

Ermitteln Sie Ihre Gewinnspanne

Einer der ersten Schritte bei der Planung sollte die Ermittlung der Gewinnspanne pro Produkt sein. Dabei sollten Sie gnadenlos gegenüber sich selbst alle möglichen Nebenkosten ermitteln: Zahlen Sie den Versand oder wird ihn der Kunde tragen? Wenn der Kunde zahlen soll: Ist das branchenüblich und akzeptiert oder möglicherweise ein K.o.-Kriterium für Ihren Shop? Was kostet die übrige Logistik? Wie hoch werden vermutliche Ausfälle durch nichtzahlende Kunden, Reklamationen usw. sein? Nur wer sämtliche Kosten durchkalkuliert, kommt mit seinem Internetshop auch zu seinem angepeilten Termin in die Gewinnzone.

So kommt das Geld zur Idee: Die Finanzierung

Wenn Sie ein Haus bauen, sollte Ihr Eigenkapital rund ein Drittel des Kaufpreises betragen. Packen Sie beim Bauen selbst mit an, so gilt dies als Eigenkapitalersatz. Im Internet ist es ähnlich: Viele Ideen lassen sich, gerade am Anfang, mit recht wenig Kapital oder sogar fast komplett mit Eigenkapitalersatz – eigener Hände Arbeit – realisieren. So gibt es unterschiedliche, recht einfach zu bedienende Softwarelösungen für Online-Shops, die noch dazu sehr günstig erhältlich oder gar kostenlos sind (siehe Kapitel »Technik«, Seite 51). Mit etwas Fantasie, grafischem Feingefühl, rudimentärem Verständnis der technischen Zusammenhänge und per Schnellkurs oder im Selbstlernverfahren erworbenen HTML-Grundkenntnissen können Sie die Website komplett selbst auf die Beine stellen. Wünschen Sie allerdings von Anfang an eine professionelle und nach allen Regeln der Kunst gestaltete Lösung, müssen Sie investieren, beispielsweise in eine E-Commerce-Agentur oder Multimedia-Spezialisten für das Webdesign. Auch individuelle Produktdatenbanken und andere spezialisierte technische Entwicklungen sind Kostenfaktoren. Es gilt der einfache Grundsatz: je komplexer, desto teurer.

Wer hoch hinaus will, braucht Venture Capital

Brauchen Sie schon Angestellte, etwa einen Webmaster, der Ihre Seite technisch betreut? Oder jemanden für den Vertrieb? Ist Ihre Idee (auch anfangs) nicht für ein Einmann- oder Einfrauunternehmen ausgelegt, so benötigen Sie Kapitalgeber, es sei denn Sie haben ein paar hunderttausend Mark von der Oma geerbt. Für gute Internetideen steht eine Menge Venture Capital (»Wagniskapital«) bereit – Investitionen in zwei- und dreistelliger Millionenhöhe sind keine Seltenheit. Vorteil: Venture Capital ist kein Kredit, sondern Eigenkapital für die Firma. Die Kapitalgeber kaufen sich damit in ein aussichtsreiches Startup-Unternehmen ein, um es irgendwann – beispielsweise vor einem Börsengang – wieder gewinnbringend zu verkaufen. Fast immer müssen Sie Venture-Capital-Gebern aber schon ein bestehendes

Geschäft vorweisen können: Erste Geschäftserfolge sind grundsätzlich sehr förderlich. Mit Ziel, Business Plan und sonst nichts in den Händen, kommen Sie nur bei absoluten Ausnahme-Ideen weiter. Zudem mögen Venture-Capital-Firmen keine Einzelkämpfer, sondern legen Wert auf ein gutes, eingespieltes Team. Suchen Sie nach Wagniskapital, sollten Sie also zunächst ein schlagkräftiges Team aufstellen.

Business Angel helfen nicht nur mit Geld

Weiterer Hoffnungsträger für Web-Existenzgründer sind Business Angels: erfahrene Geschäftsleute, die ihr Geld und Know-how in junge Unternehmen investieren, um sie großzuziehen. Business Angels sind Privatpersonen, die Ihr Geld sinnvoll und rentabel investieren möchten. Aus diesem Grund engagieren Sie sich meist auf vielen Ebenen für die Gründer, helfen auch mit einem guten Kontaktnetzwerk und neben Rat auch mit Tat, etwa bei der Einstellung von Personal.

Auch das Gespräch mit Ihrer Bank sollten Sie suchen: Kleinere Summen können Sie auf diesem Weg erhalten, auch wenn die Banken gegenüber Internetgeschäften in der Regel nicht sehr aufgeschlossen sind. Wesentlich bessere Chancen haben Sie hier, wenn Sie bereits ein Geschäft in der realen Welt erfolgreich aufgebaut haben.

WWW Wichtige Adressen

www.business-angels.de
www.venturelab.de (Venture-Capital-Geber)
www.tbg-bonn.de (Förderung von Unternehmensgründungen)
www.wellington.de (Venture-Capital-Geber)
www.3i.com (Venture-Capital-Geber)

Existenzgründung im Web – Welche Geschäftsform ist die richtige?

Das Gewerbe: Gut als Einstieg

Kommen Sie vom Land? Dann haben Sie als Kind vielleicht auch Maiglöckchen am Straßenrand verkauft, um Ihr Taschengeld aufzubessern. Ohne Gewerbeschein. Jetzt müssen Sie sich besser vorbereiten. Auch wenn Sie nebenberuflich starten, einfach losverkaufen dürfen Sie nicht. Zunächst müssen Sie sich für eine Geschäftsform entscheiden. Wenn Sie keinem freien Beruf nachgehen, etwa Journalist oder Rechtsanwalt sind, ist die Anmeldung eines Gewerbes notwendig (Liste der freien Berufe beim Finanzamt erfragen oder im EStG, § 18 nachschauen). Ein Gewerbeschein kostet Sie rund 40 Mark. Erhältlich ist er bei Ihrer Gemeinde, die Sie auch umgehend bei der örtlichen Industrie- und Handelskammer (IHK) anmeldet. Auch das Finanzamt wird auf Sie aufmerksam gemacht. Bei geringen Einkünften können Sie sich von der Gewerbesteuer befreien lassen; Sie zahlen diese Steuer erst ab 48 000 Mark Einkommen.

Danach ist der Gewerbesteuersatz wie folgt gestaffelt:

48 001–72 000:	1 Prozent
72 001–96 000:	2 Prozent
96 001–120 000:	3 Prozent
120 001–144 000:	4 Prozent
über 144 000:	5 Prozent

Der Nachteil, wenn Sie ein Gewerbe betreiben: Sie sind keine Firma wie etwa eine GmbH und dürfen somit keinen eigenen Namen tragen. Ihr Gewerbe können Sie allenfalls mit einem Zusatz hinter Ihren Vor- und Zunamen kennzeichnen (zum Beispiel Svenja Hofert Kommunikationsdienste).

Weiterer Nachteil: Sie haften mit Ihrem Privatvermögen. Möchten Sie dies verhindern, empfiehlt es sich, über eine GmbH nachzudenken, die jedoch höher besteuert wird.

Die GmbH: Ideal für Ihre kleine Firma

Sehr kompliziert sei die Gründung einer GmbH, stöhnen Gründer unter der Last der damit verbundenen Behördengänge. Eine GmbH-Gründung kann sich über mehrere Wochen, ja Monate hinziehen. Größter Vorteil neben der Tatsache, eine Firma zu sein und damit einen eigenen (Firmen-) Namen tragen zu dürfen: Sie haften nur mit Ihrem Eigenkapitel, mit 25 000 Euro. Sind nicht nur Sie selbst, sondern auch andere Gesellschafter vorhanden, muss dieses Kapital nur zur Hälfte eingezahlt werden (auch inklusive Sachwerte, zum Beispiel eines Teils Ihrer Eigentumswohnung). Diese 25 000 Euro sind das Kapital, mit dem Sie haften, falls sich Ihre Geschäftsidee als verlustreich entpuppt. Und wenn das Gegenteil eintrifft und Sie richtig durchstarten: Der Weg von der GmbH zur AG und damit zum Börsengang ist nicht weit.

Die GmbH ist zu empfehlen,

- wenn Ihr Eigenkapitalbedarf durch Sie und Ihre Gesellschafter selbst gedeckt werden kann,
- wenn die Gesellschaft ein Familienunternehmen sein soll und die Gesellschafter in der Gesellschaft selbst tätig sind,
- wenn die Gesellschafter die Geschäftsführer stark kontrollieren wollen,
- wenn keine hohen Anlaufverluste für die Unternehmensidee entstehen,
- wenn Sie die GmbH später in eine AG umwandeln möchten.

www Wichtige Adressen

Ausführliche Infos rund um die GmbH finden Sie im Internet, zum Beispiel unter *www.braunschweig.ihk.de/gmbh.htm.*

Die AG: Lieblings-Rechtsform der Gründer

Eine Aktiengesellschaft entwickelt sich normalerweise aus einer bestehenden GmbH und erfordert eine Mindesteinlage von 100 000 Mark. Vor dem Börsengang muss sie mindestens ein, am besten drei Jahre existieren. Alternativ kaufen sich Gründer einen so genannten Börsenmantel, eine bereits vorgegründete AG. Börsenmäntel vertreibt etwa die Sparta AG (*www.sparta.de*).

Die AG dient als Sammelstelle für Kapital. Die Aktien, also Firmenanteile, sind leicht handelbar – ohne notarielle Beurkundung. Der Aktiengesellschaft stehen vor allem zwei Marktsegmente für die Börseneinführung offen, die beide durch die staatliche Börsenaufsicht geregelt und kontrolliert werden. Zum einen ist dies der »Amtliche Handel«, zum anderen der »Geregelte Markt«. Die Kursbildung ist genau festgelegt. Der geregelte Markt wurde für kleine und mittlere Unternehmen geschaffen, um ihnen den Zugang zum Kapitalmarkt zu erleichtern. Hier können auch Gesellschaften zugelassen werden, die erst vor kurzem in eine AG umgewandelt worden sind. Für die erste Aktienemission ist ein Nominalwert von 500 000 Mark erforderlich.

Im »Freiverkehr«, der in den Börsen abläuft, jedoch nicht staatlich überwacht wird, können ebenfalls Aktien gehandelt werden. Zudem gibt es Unternehmen, die bereits im Vorfeld außerhalb der Börsen den Vertrieb junger Aktien übernehmen.

Die AG ist zu empfehlen,

- wenn ein hoher Kapitalbedarf besteht, der durch Venture Capital (Wagniskapital) gedeckt werden soll,
- wenn hohe Renditen erzielt werden sollen und der Börsengang geplant ist.

www Wichtige Adressen: Thema Selbstständigkeit

In der Newsgroup *de.etc.beruf.selbstaendig* können Sie aktuelle Themen diskutieren und Fragen zum Thema Selbstständigkeit stellen. Interessante Beiträge können Sie auch über die Newsgroup-Suchmaschine Dejanews recherchieren (*www.dejanews.com*).

Vor der Entscheidung für eine Rechtsform: Lassen Sie sich beraten

Nicht zu empfehlen sind Rechtsformen wie die OHG oder die KG. Auch die GmbH & Co. KG, eine Kombination aus GmbH und Kommanditgesellschaft (KG) hat heutzutage ausgedient. Bevor Sie sich für Gewerbeschein oder Gesellschaftsform entscheiden, sollten Sie sich umfassend informieren und Existenzgründerveranstaltungen und -seminare besuchen. Auch eine Beratung bei der örtlichen Industrie- und Handelskammer (IHK), die solche Seminare selbst durchführt, sollten Sie wahrnehmen. Existenzgründerinnen erhalten oft spezielle, günstige Spezialseminare. Sind Sie arbeitslos, ist es unbedingt empfehlenswert, sich bei Ihrem zuständigen Amt über bestehende Förderungsmöglichkeiten beim Gang in die Selbstständigkeit zu informieren. Das Arbeitsamt fördert den Start in die Selbstständigkeit nach mindestens dreimonatiger Arbeitslosigkeit.

Beginnen Sie nebenberuflich, so sollten Sie erst einmal Ihren Arbeitsvertrag auf die Möglichkeit einer solchen Tätigkeit prüfen. Meist ist vereinbart, dass der Arbeitgeber über Nebentätigkeiten informiert wird. Hat die Tätigkeit nichts mit Ihrer derzeitigen Arbeit zu tun, kann der Arbeitgeber aber im Allgemeinen nichts gegen diese einwenden. Dennoch ist es empfehlenswert, mit offenen Karten zu spielen, zumal Sie als Internethändler »öffentlich« sind und sich kaum hinter Ihrer Webseite verstecken können. Was sagen Sie dem Chef, wenn er bei Ihnen bestellt und Ihnen auf diesem Weg auf die Schliche kommt? Auch im Falle eines nebenberuflichen Einstiegs müssen Sie ein Gewerbe anmelden, wenn Ihre Tätigkeit nicht als freiberuflich gelten kann – was bei einem Online-Shop in aller Regel so ist.

www Wichtige Adressen

www.gruenderstadt.de
Tipps, Adressen, Links, Rechtsformen, Seminartermine
www.diegruender.de
Infos und zahlreiche Links für Existenzgründer
www.gruenderzeit.de
Initiative zur Förderung von Unternehmensgründungen aus der Hochschule heraus

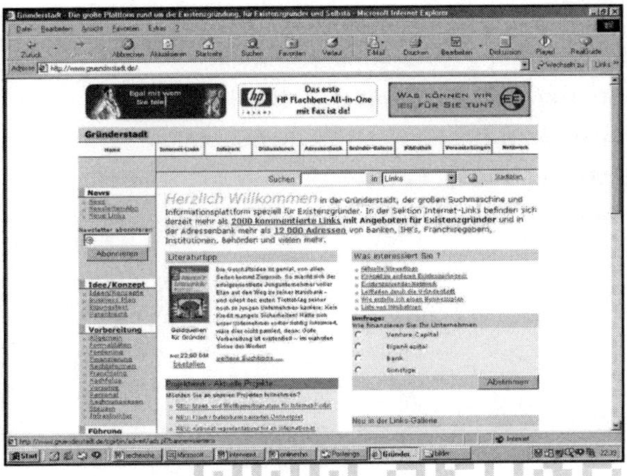

www.gruenderstadt.de

Die Gründerstadt ist eine der ersten Adressen für Existenzgründer im Internet. Hier können Sie sich etwa auch über die verschiedenen Rechtsformen informieren.

ok Checkliste: Schritte zur Existenzgründung

- Ihr erster Weg führt zur örtlichen IHK.
- Besuchen Sie ein Existenzgründungsseminar und informieren Sie sich möglichst breit, auch im Internet.
- Prüfen Sie Ihre Möglichkeiten, vom Arbeitsamt gefördert zu werden.
- Starten Sie eine umfassende Wettbewerbsanalyse: Gibt es eine ähnliche Idee in Deutschland oder vielleicht in den USA? Neben der Recherche in Zeitschriften können Sie auch über das Netz suchen, am besten gleich in internationalen Suchmaschinen wie *www.altavista.com* oder *www.google.com*. Geben Sie alle möglichen Stichwörter und Wortkombinationen ein, die Ihre Idee beschreiben.
- Entwickeln Sie einen Business Plan, ein schriftliches Konzept, in dem Sie alle Vorteile Ihrer Idee beschreiben. Wichtig ist es, den so genannten USP zu definieren, das Alleinstellungsmerkmal Ihres Shops / Ihres Produkts. Lesen Sie dazu die Checkliste »Business Plan«.
- Können Sie die ersten Monate selbst überbrücken oder benötigen Sie einen Kredit? Wie hoch muss dieser sein?

- Wie sollte Ihre ideale Geschäftsform aussehen? Für den Einmann / Einfraubetrieb reicht der Gewerbeschein, bei größeren Unternehmungen ist die Gründung einer GmbH sinnvoll.
- Bei kleineren Summen (<100 000 Mark) sprechen Sie mit Ihrer Bank oder suchen Sie sich einen Business Angel (bei Summen zwischen 50 000 und 1 Million Mark). Größere Summen (>1 000 000 Mark) erfordern Venture Capital (Wagniskapital).

Kapitel 2

Die Technik Ihres Online-Shops

Firmeninterne Voraussetzungen für den eigenen Online-Shop

Webmaster, Netzwerk- und Systemadministrator, Programmierer ... Um eine hochkomplexe Shop-Website inhouse zu betreuen, bräuchten Sie eine ganze Mannschaft hochqualifizierter Leute.

In den allermeisten Fällen aber werden Sie Ihren Shop und Ihre Homepage von einem Provider extern betreuen lassen. Das bedeutet für Sie, Sie brauchen weder ein eigenes EDV-Team noch eine spezielle Hardware. Nur die Verbindung zum Internet, zu Ihrem virtuellen Shop, sollten Sie herstellen. Liefern Sie selbst, muss zudem die »Leitung« vom Provider zu Ihrem Warenwirtschaftssystem stehen. Unter Warenwirtschaftssystem versteht man eine Software, die den kompletten Warenfluss – Einkauf, Verkauf, Nachbestellung, ja die komplette Planung – steuert. Warenwirtschaftssysteme werden von Unternehmen benötigt, die viele verschiedene Produkte verkaufen. Verkaufsrenner und »Flops« lassen sich damit leicht feststellen. Im Präsenzhandel sind dank Warenwirtschaftssystem etwa Preisauszeichnungen nicht mehr nötig, da ein EAN-Code (Strichcode) diese ersetzt. Wer bereits ein solches Warenwirtschaftssystems besitzt, muss es über Schnittstellen mit der Shoplösung verbinden. Ob und wie dies möglich ist, sagt Ihnen die Firma, für deren Shoplösung Sie sich interessieren.

Besitzen Sie noch kein Warenwirtschaftssystem? In Shopsysteme wie Intershop Merchant ist ein solches bereits integriert – mit einer auf den elektronischen Handel zugeschnittenen Funktionalität.

Falls Ihr Anschluss zum Internet noch nicht vorhanden ist: Informieren Sie sich über die notwendige Hard- und Software, über Netzwerklösungen und Internet-Standleitungen, also dauerhafte Verbindungen ins Internet bzw. Flat Rates. Auch über den Zugang ins Internet sollten Sie sich Gedanken machen: per ISDN, ADSL, Standleitung oder Satellit. Wünschen Sie eine Breitbandlösung? Mit Breitband werden zusammenfassend verschiedene Technologien bezeichnet, die einen Anschluss an das Internet und an lokale Netzwerke mit einer Datenübertragungsrate weit über der Übertragungsrate heutiger Modems ermöglichen (mehr als 2 Mbit / Sekunde).

Internet-Zugangsart	Beschreibung
ADSL (512 Kbit)	ADSL ist eine Technik, die auf herkömmlichen Kupfer-Telefonleitungen eine Geschwindigkeit von 512 Kbit/s bei der Datenübertragung ermöglicht. Einen ADSL-Zugang bietet etwa die deutsche Telekom mit T-TDSL. Wer T-DSL nutzen möchte, braucht wie bei ISDN einen eigenen Anschluss. Die monatlichen Kosten liegen bei etwa 55 Mark. Die DSL-Flatrate (Pauschalrate fürs Internetsurfen) der Telekom kostet derzeit 49 Mark.
Modem (derzeitiger Standard: V.90 mit 56 Kbit)	Analoge Modems sind heutzutage nicht mehr uptodate: Auch die V.90-Modems sind im Vergleich zu ADSL und ISDN zu langsam, zudem kann nicht parallel telefoniert und gesurft werden.
ISDN (64 Kbit)	ISDN ermöglicht Surfen und Telefonieren parallel, zudem lassen sich auf jede Leitung bis zu acht Geräte legen. Zwei Leitungen können parallel belegt und die Schnelligkeit auf 128 Kbit gebündelt werden (das nennt man Kanalbündelung).
Standleitung	Dauerhafte Verbindung, die etwa von Business-Providern wie Uunet gestellt wird *(www.uunet.de)*. Eine Standleitung braucht jeder, der einen eigenen Server betreibt, da dieser die Verbindung rund um die Uhr gewähren muss. Geschwindigkeiten zwischen 64 Kbit und 155 Mbit je nach Budget. Die Kosten berechnen sich nach übertragener Datenmenge.
Satellit	SkyDSL ermöglicht Datenübertragung bis zu 4000 Kbit und damit bis zu 60-mal schneller als ISDN. Nachteil: Es muss eine weitere Verbindung zum Internet bestehen, mit der Sie sich einwählen, da SkyDSL nur den Datenrückfluss steuert. Außerdem benötigen Sie eine Satellitenschüssel und eine Karte, die Sie in den PC einbauen müssen.

Suchen Sie sich Ihren Provider sorgfältig aus (siehe Checkliste S.58). Um das Internet effizient nutzen und eingehende Aufträge schnell ausführen zu können, sollten Sie sicherstellen, dass Sie alles selbst bearbeiten können. Immer noch arbeiten viele Shops manuell – ein unnötiger Kostenfaktor, denn das Internet lebt von Automatisierung. Lassen Sie sich von Ihrem Provider oder der Firma, die Ihren Shop erstellt, ausführlich beraten.

Hinweise für bestehende Unternehmen

Integrieren Sie als (Klein-) Unternehmer den Shop (und die Homepage) in ein vorhandenes Computersystem oder -netzwerk Ihrer Firma, sollten Sie sich auf jeden Fall eine E-Commerce-Agentur ins Haus holen, die gemeinsam mit Ihrer EDV-Abteilung analysiert, welche Technik bereits vorhanden ist und wie man die vorhandenen Möglichkeiten nutzen kann. Ihre E-Commerce-Agentur sollte Ihre Firma sehr genau kennen lernen. Wichtig sind ihr vor allem die Schnittstellen zu bestehenden Systemen, etwa zu SAP/R3. Eine erste Kostenschätzung sollte zu diesem Zeitpunkt möglich sein. Nach der Analyse, wenn die Agentur den Auftrag bekommen hat, erstellt sie ein umfassendes technisches Pflichtenheft. Jetzt sollte auch ein detaillierter Kostenvoranschlag erfolgen. Vorsicht: Kosten ab 100 000 Mark für eine komplexe E-Commerce-Installation sind nicht ungewöhnlich. Das Pflichtenheft besagt, welche Schritte bis wann erfolgt sein müssen, und gibt Auskunft über den genauen Zeitplan.

ok Checkliste: Die Top-Ten der E-Commerce-Firmen

Was ist eine E-Commerce-Agentur? Es gibt Multimedia-Agenturen, technisch orientierte Berater und klassische Unternehmensberatungen. Laut *Manager Magazin* sind die IT-Beratungen am kompetentesten. Die Hitliste:

1. IBM Global Services, *www-5.ibm.com/services/de* (IT-Beratung)
2. Pixelpark, *www.pixelpark.de* (Multimedia-Agentur)
3. Andersen Consulting, *www.ac.com* (IT-Beratung)
4. Boston Consulting Group, *www.bcg.de* (Management-Beratung)
5. Gap Gemini, *www.capgemini.de* (IT-Beratung)
6. CSC Ploenzke, *www.ploezke.de* (IT-Beratung)
7. Arthur D. Little, *www.arthurdlittle.com* (Management-Beratung)
8. Kabel New Media, *www.kabel.de* (Multimedia-Agentur)
9. Roland Berger & Partner, *www.rberger.de* (Management-Beratung)
10. EDS, *www.eds.de* (IT-Beratung)

Quelle: *www.manager-magazin.de*

Hinweise für Einsteiger

Für Einsteiger, die den Shop nicht selbst erstellen wollen, ist ein Provider ideal, der eine Komplettlösung bietet: den Platz im Internet, eventuell auch schon einen fertigen Shop zur Verfügung stellt und auch das Homepage-Design übernimmt. Professionelle Komplettlösungen kosten im Monat ab 50 Mark Miete sowie einmalig ab 5000 Mark. Die Produkte sind dabei in der Regel noch nicht im Shop enthalten. Oft wird pro Produktfoto abgerechnet: Dieses wird gescannt, nachbearbeitet und in den Shop integriert. Je mehr Fotos, desto teurer. Die Marktpreise liegen bei etwa 10 Mark pro Produkt und Foto. Darüber hinaus werden aber auch Pauschalpreise angeboten.

Welcher Provider ist geeignet?

Auch wenn Sie kostenlosen Webspace bei einem Internet Service Provider (ISP) oder Online-Dienst wie T-Online, CompuServe, AOL besitzen, so reicht dieser in der Regel nicht für E-Commerce-Projekte aus – weder von der Speicherkapazität noch von den weiteren Leistungen. Der Webspace muss auch nicht notwendigerweise von Ihrem Internet-Service-Provider kommen, also dem Anbieter, über den Sie im Internet surfen. Im Gegenteil: Meist bieten Provider zwar auch sehr günstigen Webspace, doch sind die Leistungen oft nicht mit den Ansprüchen eines professionellen Shopbetreibers zu vereinen. Auch wenn von diesen Providern Shop-Pakete angeboten werden, taugen diese meist bestenfalls für den Einstieg in eine eigene kleine Homepage und stellen sich dann schnell als nicht ausreichend für Ihre Zwecke heraus. Zudem hapert es oft in Sachen Schnelligkeit. Wählen Sie besser einen spezialisierten Webspace-Provider.

Besser ist es, zu einem speziellen Web-Host-Provider zu gehen, einem Provider, der ausschließlich Platz im Internet zur Verfügung stellt und keine Zugänge. Dieser muss mindestens die Verwendung von CGI-Scripts zulassen und außerdem die SSL-Verschlüsselung anbieten. Mit 20 bis 100 Mbyte Speicher sind Sie gut bedient. Ein Webshop mit 40 Artikeln nimmt mindestens 2 Mbyte ein – und Luft für Expansion sollte da sein.

Testen Sie Ihren Provider!

Webspace gibt es überall auf der Welt. Server-Standorte in Deutschland gelten gemeinhein als ausfallsicherer als solche in den USA, wohingegen letztere günstiger sind. Achten Sie auf 24-Stunden-Verfügbarkeit. Testen Sie andere Seiten des gewählten Providers. Sind diese schnell und jederzeit aufrufbar? Welche Referenzen hat der Provider? Sind viele Online-Shops darunter? Rufen Sie einen »Kollegen« an und fragen Sie nach seinen Erfahrungen! Ein seriöser Provider wird Referenzen auf der Homepage bieten oder Ihnen diese ohne Umschweife nennen können. Weiteres Kriterium:

Der unbegrenzte Datentransfer (»Traffic«) sollte Ihnen in einem Festpreis zugesichert sein. Dies bedeutet: Egal wie viele Kunden auf Ihre Seiten Zugriff haben, Sie zahlen immer den gleichen Preis. Keineswegs selbstverständlich, da einige Provider ab einem gewissen Volumen (also »Verkehr« auf Ihrer Seite) Staffelgebühren verlangen. Ein solches Angebot lohnt sich nur, wenn Sie einschätzen können, wieviel Verkehr auf Ihrer Website stattfinden wird.

ok Checkliste: So finden Sie den richtigen Provider für Ihren Shop

- Informieren Sie sich in einschlägigen Zeitschriften (beispielsweise *Internet World*, *Internet Professional*, *PC online*) oder im Internet *(www.zdnet.de, www.internet-world.de)*
- Hören Sie sich in Ihrem Bekanntenkreis um. Computerfreaks unter Ihren Freunden sind oft eine sehr gute Infoquelle. Nur Vorsicht vor Besserwissern mit wenig wirklichem Background – auch davon gibt es eine Menge.
- Suchen Sie im Internet nach Empfehlungen, beispielsweise in einschlägigen Newsgroups wie *de.comm.provider.misc* oder *de.comm.provider.webspace*. Fragen Sie Ihren Internet-Provider, also denjenigen, der Ihren Zugang zum Internet stellt, wie Sie Newsgroups abonnieren!
- Finger weg von Alleskönnern: Wer Ihnen tolle Shoplösungen, Super-Marketingkonzepte und hervorragendes Design gleichzeitig verkaufen will, ist oft eine schlechte Wahl. Niemand kann alles.
- Wer lange am Markt ist, hat oft auch viel Erfahrung. Es ist sicher ungerecht, Neulingen unter den Providern keine Chance zu geben, aber: Im E-Commerce-Geschäft sind die Karten verteilt. Wer hier noch mit neuen Shoplösungen einsteigen will, braucht schon eine Super-Idee. Besser also auf »alte« Firmen setzen – und alt ist im Internet schon, wer drei Jahre aktiv ist. Das gilt umso mehr, je weniger Sie mit eigenen Kenntnissen Neuentwicklungen technisch beurteilen können.

- Testen Sie die Schnelligkeit von bereits über den Wunsch-Provider gehosteten Shops. Kompetente und seriöse Webspace-Provider wissen auch, dass der Durchschnittssurfer seinen Internetzugang von AOL oder T-Online bezieht, und testen Ihre Seiten mit diesen Zugängen. Lange Ladezeiten sind da automatisch tabu.
- Wie ist die Optik von Referenzseiten – überzeugen Sie die anderen Shops? Merke: Erfolgreich ist das Otto-Katalog-Prinzip: Aus grafischen Gesichtspunkten ist im Internet weniger oft mehr. Gut: Klare Strukturen, intuitive Benutzerführung, Schnelligkeit – das sind die wichtigsten Kriterien für eine gute Shopsite.
- Die Shops sollten auf die Bedürfnisse des Bestellers eingehen können, also flexibel sein und sich dem Produkt anpassen.
- Der Server muss Sicherheitsstandards genügen – ein SSL (Secure Socket Layer)-Server ist für die sichere Datenübertragung Grundbedingung.
- Der Server muss CGI beherrschen – Voraussetzung für das Verarbeiten von Formularen, ja für das Funktionieren jedweder interaktiver Features.
- Achtung: Haben Sie Ihre Homepage mit dem Programm Frontpage oder Frontpage Express erstellt (Microsoft), benötigen Sie einen Provider, der Frontpage-Erweiterungen unterstützt.

Die eigene Domain

Mit dem Einkauf von Webspace ist meist auch die Wahl eines entsprechenden Domainnamens verbunden. Dieser ist ganz zentral für Ihren Erfolg. Kryptische Domainnamen kosten Kunden! Je eingängiger der Name, desto mehr Chancen auf Besucher ergeben sich. Auch alle möglichen Schreibvarianten des Namens (zum Beispiel mit Bindestrich und ohne) sollten registriert werden – das kostet sie heutzutage kaum noch etwas (maximal ein paar Mark im Monat). Eine *.com*-Adresse (für commercial) empfiehlt sich, wenn Sie international tätig sind, für alle regionalen Projekte ist *.de* besser.

Wenn Sie noch keine Domain für Ihr virtuelles Geschäft haben, könnte Sie die Recherche bei der Zentralen Registrierungsstelle für deutsche Internet-Domains DENIC (*www.denic.de*) ganz schön frustrieren. Die besten Namen sind längst weg, nur längere Kombinationen und Fantasienamen sind noch frei. Alternative: Statt auf *.de* auf eine *.shop-* oder *.biz*-Domain ausweichen. Diese Domain gibt es seit 2000 bzw. seit 2001.

Domains können Sie über den Provider mieten, der Ihnen auch den Platz im Internet zur Verfügung stellt, über den Webspace-Provider. Achten Sie darauf, dass Ihnen eine Toplevel-Domain zugeteilt wird, das heißt eine Domain auf erster Ebene wie *mein-onlineshop.de* oder *eichborn.de*, nicht aber eine Unterdomain à la *eichborn.de/mein-online-shop*. Ihre Kunden haben es später leichter, Ihren virtuellen Laden zu finden, denn je kürzer eine Adresse, desto leichter lässt sie sich merken. Ausführliche und aktuelle Informationen zu deutschen Domains, auch zur rechtlichen Lage, finden Sie beim DENIC.

Das sollten Sie bei der Anmeldung einer Domain beachten

Wenn Sie ein richtiges Geschäft besitzen, kann Ihr Laden im Internet genauso heißen wie dieses. Dies empfiehlt sich vor allem dann, wenn dieser Name schon wie eine »Marke« im Gedächtnis Ihrer Kunden verankert ist.

Gattungs- oder Berufsbezeichnungen (*buch.de*, *gemueseverkauf.de*) zu wählen ist nicht ratsam, zumal diese rechtlich umstritten sind.

Wenn die Wunsch-Domain noch frei ist, sollten Sie alle denkbaren Kombinationen anmelden, zum Beispiel Ihren Vor- und Nachnamen einmal mit und einmal ohne Bindestrich. Ihre Kunden können sich kürzere Namen leichter merken – wie wär's mit einer Abkürzung?

Möchten Sie Ihre Ware später auch einmal international verkaufen, ist die Anmeldung einer *.com*-Adresse eine Pflichtübung, es sei denn Sie haben eine *.shop*- oder *.net*-Domain: Diese sind national und international vermarktbar.

www Wichtige Adressen

Deutscher Domain-Check unter *www.denic.de*
Internationaler Domain-Check unter *www.internic.de*

ok Checkliste zur Wahl Ihres Domainnamens

- Prüfen Sie beim DENIC (Zentralstelle zur Vergabe von deutschen Domainnamen), ob der Wunschname noch frei ist.
- *.com*-Domains bieten sich an, wenn Sie sich einen internationalen Anstrich geben und eventuell zweisprachig auftreten möchten.
- *.net*-Domains sind nicht so populär, können aber eine Ausweichmöglichkeit sein, wenn *.de* besetzt ist.
- Domain belegt? Sehen Sie nach, wer Ihre Wunschdomain besitzt, und nehmen Sie Kontakt auf. Möglicherweise ist man bereit, die Domain zu verkaufen.
- Die Domain *.shop* wurde speziell für Online-Shops eingerichtet und ist noch relativ neu. *.biz* steht dagegen Unternehmen zur Verfügung.
- Es gibt »Domaingrabber«, Leute, die sich in den Frühphasen des Internets alle möglichen Adressen reserviert haben, um diese zu verkaufen. So etwas ist zwar nicht die feine Art, aber wenn Sie eine Domain partout besitzen wollen, lohnt es vielleicht, mit einem Grabber zu verhandeln (Infos rund um Domains unter *www.united-domains.de*).

- Solche Grabber (und andere Leute, die ihre Domain loswerden möchten, weil sie sie nicht mehr pflegen können) finden Sie oft in Auktionshäusern. Bei Ebay *(www.ebay.de)* gibt es beispielsweise eine Rubrik »Domains«.
- Reservieren Sie alle Adressen, die ähnlich klingen wie Ihr Ausgangsname. Bei zusammengesetzten Wörtern unbedingt die Variante mit und ohne Bindestrich berücksichtigen. Auch typische Tippfehler, Dreher und Rechtschreibvarianten sollten einkalkuliert und vorsichtshalber reserviert werden. Die zusätzlichen Domains, die sich alle auf die Hauptdomain umleiten lassen, kosten Sie nur ein paar Mark im Monat.
- Eröffnen Sie die Online-Filiale Ihres »echten« Geschäftes, so empfiehlt es sich, denselben Namen auch im Internet zu adaptieren, da Sie sonst eine neue Marke etablieren müssen.
- Firmen- und Angebotsname müssen aber nicht identisch sein – und sollten es bisweilen auch nicht. Der Firmenname kann hinter dem Angebotsnamen deutlich zurücktreten. Sie sehen das auf vielen Internetseiten, wo Sie die Firma mitunter sogar im Informationswirrwarr suchen müssen, was sicher auch nicht ideal ist. Lässt sich »Erleuchtet« nicht wesentlich einfacher bewerben als eine »Lampen Martini GmbH«?

Welche Shops gibt es – und was müssen sie leisten?

Es gibt Fertighäuser, denen sehen Sie einfach nicht an, dass es sich um solche handelt. Ähnliches gilt für die zahlreichen fertigen Shops, die Sie im Internet kostenlos erhalten und mit wenigen Mausklicks auch im Erscheinungsbild und der Farbgebung an Ihre Homepage anpassen können. Das Erscheinungsbild ist professionell, die Bedienung auch – was will man mehr?

Mieten statt kaufen

Viele Anbieter von Shopsystemen bieten dies leihweise an. Mietshops sind sehr verbreitet. Wer einen Mietshop testen möchte, bevor er sich zum Ausleihen entschließt, kann dies bei Shoptoshop (*www.shoptoshop.cc*), einem Anbieter aus Österreich, vier Wochen lang kostenlos tun.

Individuelle Lösungen auf Basis eines Shoppingsystems nach »Art des Hauses« können bei Firmen gemietet werden, die häufig auch als Webspace-Provider fungieren. Solche Lösungen richten sich an mittlere und kleinere Unternehmen (KMUs) und kosten eine einmalige Einrichtungsgebühr sowie eine monatliche Miete, meist deutlich unter 100 Mark. Vorteil: Sie bekommen das ganze Know-how, und der Provider berät Sie auch in Fragen der Abwicklung.

Shops mit Software selber bauen

Darüber hinaus gibt es Softwarelösungen – sozusagen Bausätze für Shops – die Sie im Computerfachhandel kaufen können, beispielsweise von Data Becker (*www.databecker.de*). Nachteil der kostenlosen oder sehr preiswerten Shops (bis zirka 100 Mark): Die Artikelzahl ist oft begrenzt, es gibt keine richtigen Warenkorbsysteme, die den Einkauf mehrerer Produkte ermöglichen, und auch der Einrichtung von Abteilungen für unterschiedliche Produktgruppen sind Grenzen gesetzt. Wer ein großes Sortiment hat, muss sich so schnell nach einer größeren Lösung umschauen. Auch die Anbindung an vorhandene Warenwirtschaftssysteme ist mit solchen Billig-Lösungen meist ebenso wenig gewährleistet wie der sichere Zahlungsverkehr, beispielsweise über *SSL*-Fähigkeit. Diese »Features« (Funktionen) finden sich oft erst in einer höheren Preisklasse oder werden gegen einen Aufpreis geliefert (wie zum Beispiel auch bei Data Becker).

Planen Sie ein großes Kaufhaus à la Zooplus *(www.zooplus.de)* mit allem Luxus und Komfort, so benötigen Sie eine High-End-Lösung. Solche Profi-Lösungen lassen sich auch in vorhandene Firmenstrukturen implementieren. Für Anpassung der Software an Ihre Bedürfnisse, die Implementierung und das Training, werden schnell sechsstellige Beträge fällig. Einer der große Player im High-End-Bereich ist Intershop mit seiner Software Enfinity.

Mietshops – Eine Übersicht

Shopname und Web-Adresse	Kurzbeschreibung	Zirka-Kosten
Cybershop *www.cybershop.de*	Die gesamte Technik und Software ist beim Anbieter untergebracht, der Shop-Mieter hat mit ihr nichts zu tun. Das Pflegen der Daten erfolgt vollständig beim Anbieter. Für die Einrichtung jedes neuen Artikels fallen auch neue Gebühren an.	Verschiedene Versionen ab 1300 Mark, monatliche Gebühren 180 bis 230 Mark, Einrichtung einer Rubrik 60 Mark
Shopgate *www.shopgate.de*	Vorteil: übernimmt Daten aus den gängigen Programmen Access und Excel.	Rund 120 Mark im Monat, 550 Mark Lizenz
T-Mart *www.tmart.de*	Der Mietshop der Telekom ist sehr professionell: bis zu 5000 Artikel, Warenwirtschaftssystem	Bereitstellung rund 5000, Monatspauschale rund 700, Änderungen pro Stunde Aufwand 230 Mark

WWW Wichtige Adressen: Mietshops

www.macroshop.de
www.shoptoshop.cc

Lassen Sie sich keinen Flop verkaufen!

Möchten Sie einen kleinen virtuellen Buchhandel oder einen großen Marktplatz eröffnen? Beide Varianten verlangen ganz unterschiedliche Herangehensweisen und Shoplösungen. Während für den Buchhandel ein Mietshop in der Regel ausreichend ist, braucht der Marktplatz eine »große« Lösung. Sollten Sie diese anstreben, ist die Beratung durch eine fachkompetente E-Commerce-Agentur für Sie essenziell.

Auch Ihre persönlichen Ziele sagen etwas darüber aus, welchen Weg Sie beschreiten sollten. Ein Nebenverdienst-Shop muss – zumindest im ersten Schritt – nicht die gleichen Voraussetzungen erfüllen wie ein Shop, der Sie einmal ernähren oder aus dem vielleicht sogar eine große Firma mit vielen Mitarbeitern entstehen soll. Dies soll nicht heißen, dass kleine E-Commerce-Lösungen auch nur kleine Gewinne versprechen. Es kann durchaus umgekehrt sein. Gerade die einfachen Lösungen setzen sich oftmals durch und lassen groß angelegte Projekte weit hinter sich. Gleich wie »groß« Sie denken, versuchen Sie immer die optimale Lösung für Ihr Projekt zu finden.

Der Shop muss State of the Art sein

Eine nette Homepage mit hübscher Grafik und ein funktionierender Shop allein reichen nicht. Ihr Shop muss nicht nur funktionieren, sondern auch funktional sein, schnell arbeiten, übersichtlich, zuverlässig und 24 Stunden ohne Ausfallzeiten verfügbar sein. Der Kunde muss im Shop alle benötigten Kaufinformationen bekommen, Fotos des Produkts in mehreren Größen betrachten und zwischen verschiedenen Zahlungsmethoden wählen können. Ein Warenkorb, in dem beliebig viele Produkte abgelegt werden können, ist für Shops ebenso State of the Art wie ein sicherer Server (*SSL*).

Bestellungen sollen direkt an Ihre Adresse gehen, eventuell in Kopie an einen Lieferanten

Ein E-Commerce-Berater muss nicht nur wissen, wie Sie einen Shop installieren, sondern auch wie Sie Bestellungen bearbeiten und Ihre Logistik optimieren. Gute Shoplösungen sind solche, mit denen Sie nach Aufbau der Webseiten alleine zurechtkommen. Eine Selbstverständlichkeit sollte es sein, dass Bestellungen auf Ihrem Computer eingehen und von Ihnen direkt weiterverarbeitet werden können. Wer Ihnen anbietet, Bestellungen auf Ihr Fax umzuleiten, sollte aus der engeren Wahl herausfallen.

Sollten Sie Ihre Ware von einem Zulieferer beziehen, muss jede auf der Webseite eingehende Bestellung automatisch in Kopie an den Lieferanten gesendet werden, damit er die Ware umgehend auf den Weg schicken kann.

Tipp **Newsgroups abonnieren!**

Tipps aus erster Hand bekommen Sie in den *Newsgroups*, die Sie im Usenet – einem textorientierten Bereich des Internets – finden. Newsgroups helfen sowohl bei der Provider-Auswahl als auch bei spezifischen Fragen rund um den E-Commerce oder spezielle Shopsysteme. Eine deutsche Newsgroup, die sich mit E-Commerce beschäftigt, ist *de.comm.internet.commerce*. Wie Sie Newsgroups abonnieren, erfahren Sie bei Ihrem Internet-Provider. Bevor Sie selbst Fragen stellen, sollten Sie allerdings die Fragen und Antworten (FAQs) für Newbies (Neulinge) gelesen haben, zum Beispiel in der Gruppe *de.newusers.infos*.

Newsgroup zum Thema Online-Shop

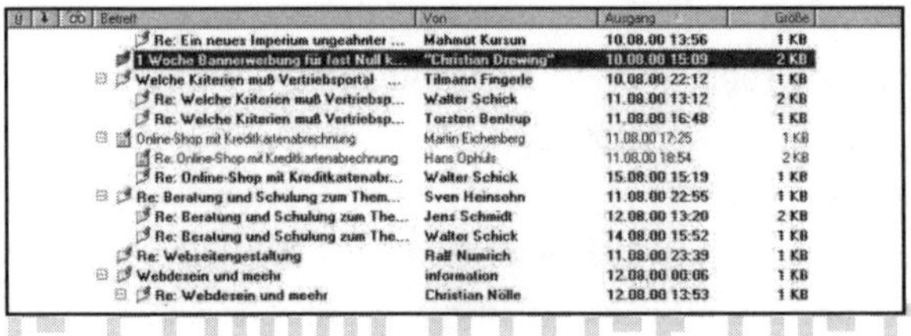

Betreff	Von	Ausgang	Größe
Re: Ein neues Imperium ungeahnter ...	Mahmut Kursun	10.08.00 13:56	1 KB
1 Woche Bannerwerbung für fast Null k...	"Christian Drewing"	10.08.00 15:09	2 KB
Welche Kriterien muß Vertriebsportal ...	Tilmann Fingerle	10.08.00 22:12	1 KB
Re: Welche Kriterien muß Vertriebsp...	Walter Schick	11.08.00 13:12	2 KB
Re: Welche Kriterien muß Vertriebsp...	Torsten Bentrup	11.08.00 16:48	1 KB
Online-Shop mit Kreditkartenabrechnung	Martin Eichenberg	11.08.00 17:25	1 KB
Re: Online-Shop mit Kreditkartenabrechnung	Hans Ophüls	11.08.00 18:54	2 KB
Re: Online-Shop mit Kreditkartenabr...	Walter Schick	15.08.00 15:19	1 KB
Re: Beratung und Schulung zum Them...	Sven Heinsohn	11.08.00 22:55	1 KB
Re: Beratung und Schulung zum The...	Jens Schmidt	12.08.00 13:20	2 KB
Re: Beratung und Schulung zum The...	Walter Schick	14.08.00 15:52	1 KB
Re: Webseitengestaltung	Ralf Numrich	11.08.00 23:39	1 KB
Webdesein und meehr	information	12.08.00 00:06	1 KB
Re: Webdesein und meehr	Christian Nölle	12.08.00 13:53	1 KB

In der Newsgoups *de.comm.internet.commerce* finden Sie Antworten auf viele drängende Fragen.

de.comm.internet.commerce

Von der Bestellung zu Logistik: Prozesse automatisieren

Das Internet bietet alle Möglichkeiten zur Automatisierung von Arbeitsabläufen. Dennoch arbeiten viele Shops im Hintergrund »offline«, wickeln Aufträge per Hand ab. So beispielsweise der Pizzaservice *www.bringdienst.de*. Bis heute leitet er die meisten auf seinem Server eingehenden Pizzabestellungen per Fax an die ausfahrenden Imbisse. Grund: Die fehlende Infrastruktur in den Pizzerien, die überwiegend keine direkte Anbindung an die Kassensysteme zulässt. Auch in vielen anderen Shops wird noch manuell gearbeitet – obwohl sich durch Anbindung an Auftragsbearbeitung, Zahlungsabwicklung und Logistik erhebliche Kosten einsparen ließen. Gerade Shop-Besitzer, die bereits eine Firma haben und ihr Online-Geschäft auf bestehende Systeme aufsetzen, sollten sich unbedingt von Fachleuten beraten lassen. Auch wenn anfangs nur zehn Bestellungen täglich eingehen und es ein Leichtes ist, diese manuell abzuwickeln – solche Lösungen sind handgestrickt und erweisen sich bei zunehmendem Bestellvolumen als viel zu teuer und umständlich in der Handhabung.

Bei der Neuinstallation eines Systems sollten Sie immer daran denken, dass es nicht nur wichtig ist, Kunden vom Bestellen zu überzeugen, sondern auch daran, den Bestellauftrag möglichst schnell, effektiv und zuverlässig zu bearbeiten. Denn erstens kommt nur ein mit der kompletten Abwicklung zufriedener Kunde auch wieder. Und zweitens erhöhen Sie durch automatisierte Prozesse Ihre Gewinnspanne. Auch wenn neue Hardware und Software Sie über die Installation des Shops hinaus erst einmal Geld kosten – die Investition wird sich für Sie sehr bald rechnen.

ok Checkliste: Was Ihre E-Commerce-Software leisten sollte

- Ihre Software sollte ausgefeilte Suchfunktionen haben. Kunden möchten im Internet nicht lange nach Produkten suchen. Ist Volltextsuche über alle Datenbankfelder möglich? Kann sogar über Synonymwörter gesucht werden?
- Die Zahl der einzubindenden Produkte ist unbegrenzt.
- Sie sollten Abteilungen von verschiedenen Produkten bilden können, zum Beispiel in einem Schmuckgeschäft Abteilungen für Uhren, Ringe, Halsketten, sowie eventuell auch Unterkategorien (Uhren von Dior, Gucci usw).
- Bilder der Produkte sollten die Kunden nicht nur in Briefmarkengröße (»Thumbnail«), sondern auch in einer größeren Ansicht anschauen können (»Zoom-Funktion« zum Vergrößern der Darstellung). Es sollte zudem mehr als ein Foto pro Produkt eingebunden werden können.

- Welche Zahlungsverfahren werden unterstützt? Das Minimum für einen deutschen Shop: Kreditkarte, per Rechnung und per Nachnahme.
- Ist der Shop SSL-tauglich für sichere Datenübertragung und Kreditkartenzahlung?
- Ist das Layout frei nach Ihren Wünschen gestaltbar?
- Gibt es ein Warenkorbsystem (der Kunde muss nicht mit jedem Produkt, sondern kann auch gleich mit einem ganzen Korb zur Kasse gehen)?
- Verträgt sich die Software mit Ihrem vorhandenen System? Läuft sie unter Ihrem »Haus-«Betriebssystem, etwa Windows 2000 oder NT?
- Kann der Shop modular erweitert werden (neue Produkte, Abteilungen, Zahlungsmittel)?
- Können Sie die Daten ohne technisches Know-how einpflegen? Ist dies intuitiv und einfach oder brauchen Sie eine Schulung, die zum Service gehören sollte?
- Kann das Angebot so differenziert werden, dass für Händler etwa Preise ohne die Mehrwertsteuer für Endkunden ausgewiesen werden (B2B und B2C). Lassen sich individuelle Preise und Rabattstaffeln einpflegen?
- Werden mehrere Sprachen und Währungen unterstützt?
- Bei größeren Shops, die in vorhandene Strukturen eingebettet werden müssen: Sind Schnittstellen zu allen Unternehmensbereichen vorhanden, sodass die E-Commerce-Software in die vorhandene Firmenstruktur eingebettet werden kann?

Die einfachste Lösung: Der Shop zum Nulltarif

Keine müde Mark für Miete, und auch die Einrichtung gibt es zum Nulltarif? Manchmal werben Anbieter von kostenpflichtiger Shopsoftware mit Free-Shops. Der Kunde darf erst mal Ladenluft testen und dann – hoffentlich – auf eine kostenpflichtige Version umsteigen, denn kostenlose Shops sind in ihrer Funktionalität stets begrenzt, wollen einen Vorgeschmack auf eine große Version bieten. Vielleicht lassen sich nur zehn Produkte einpflegen, vielleicht gibt es zu jedem Produkt nur ein Foto, vielleicht sind die Layoutfunktionen begrenzt, also die Möglichkeiten, eine ansprechende Optik zu schaffen. Dennoch sind solche Shops ideal zum Testen und eignen sich vor allem, wenn Sie nicht direkt mit voller Kraft ins »Business« einsteigen, sondern erst mal Erfahrungen sammeln möchten.

Free-Shops werden oft weniger ernst genommen

Kunden sehen dem Shop seine preisgünstige Herkunft nicht an: Das Layout lässt sich an die eigene Homepage anpassen. Nur der Link auf die Software des Anbieters – der in der Regel automatisch eingefügt wird – ist ein Hinweis. Sicherlich besteht eine Tendenz von Käuferseite, solche Angebote weniger ernst zu nehmen als individuell konzipierte Shops. Dies ist ähnlich wie mit dem kostenlosen Webspace, den Anbieter wie Puretec an Ihre Kunden gegen Schaltung eines Werbefensters verteilen. Oder mit der Homepage bei T-Online, die eben auch nur halb so viel wert ist wie eine Website mit eigenem Domainnamen. Was Sie aus Ihrem Angebot machen, liegt allein in Ihren Händen. Wickeln Sie Ihre Bestellungen ordnungsgemäß ab, bieten Sie einen Superservice und klasse Ware? Dann soll der Free-Shop kein Hindernis sein, mit dem Verkaufen loszulegen. Und wenn die Bestellungen erst mal eintrudeln, können Sie ja immer noch auf eine Profi-Lösung umsteigen.

Free-Shops für Techniker

Die oben beschriebenen Lösungen sprechen Nutzer ohne technische Vorkenntnisse an. Wer sich mit HTML oder sogar Perl (einer Script-Sprache) auskennt, kann sehr viel mehr aus seinem Free-Shop machen und diesen auch funktionell individuell gestalten. Dazu gibt es frei erhältliche Software wie den Ecbuilder, Minivend oder Perlshop, mit denen Sie Ihre Shops bauen können. Webspace ist hier allerdings nicht inklusive.

WWW Wichtige Adressen: Free-Shops

www.freeshop.de
www.shop-factory.de
www.cybershops.de
Ein kostenloses Shopsystem der Dresdner Bank, arbeitet mit CyberCash (nach einer Testphase fallen monatliche Gebühren an!)
www.ecbuilder.com
www.arpanet.com/PerlShop/perlshop.html
www.minivend.com

In 15 Minuten zum eigenen Shop mit Cybershop

Die Dresdner Bank bietet mit Cybershops ein sehr flexibles, komfortables und leicht einzurichtendes Shopsystem inklusive einer Domain bei Cybershops. Voraussetzung ist ein Konto bei der Bank oder die Einrichtung eines solchen. Cybershops können 14 Tage kostenfrei getestet werden, danach kostet der Betrieb 100 Mark im Monat. Für einen Cybershop brauchen Sie keine eigene Infrastruktur, lediglich einen Zugang zum Web und eine eigene E-Mail-Adresse, an die Bestellungen gehen sollen. So gehen Sie vor, wenn Sie Cybershops nutzen wollen (bei anderen Anbietern wird ähnlich verfahren. Die Entscheidung liegt bei Ihnen …).

www.cybershops.de

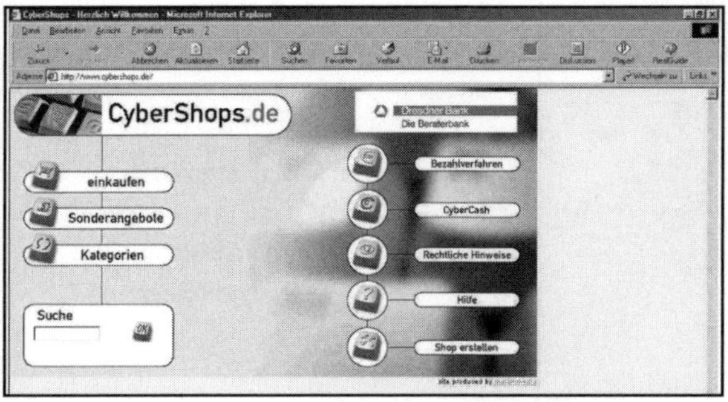

1. Wechseln Sie auf die Seite *www.cybershops.de* und wählen Sie »Shop erstellen«.

www.cybershops.de

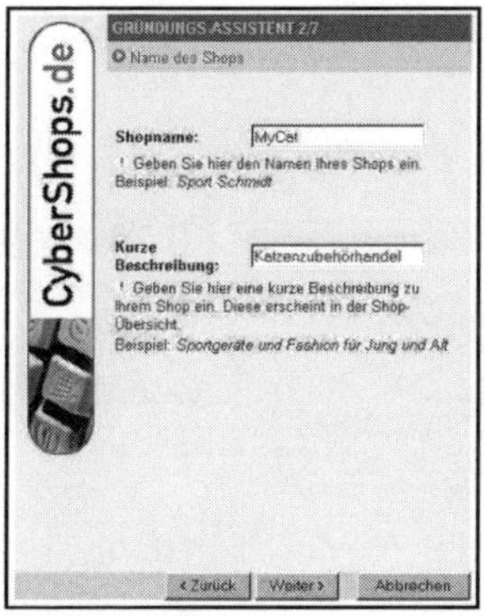

2. Wechseln Sie zunächst zum Gründungsassistenten. Geben Sie Namen (hier: *MyCat*) und Kurzbeschreibung Ihres Shops an.

3. Jetzt werden Sie nach Ihren Adressdaten gefragt. Besitzen Sie kein Konto bei der Dresdner Bank, wird Sie bald ein Berater kontaktieren. Kreuzen Sie das entsprechende Feld (»Ich besitze noch kein Konto bei der Dresdner Bank«) an.

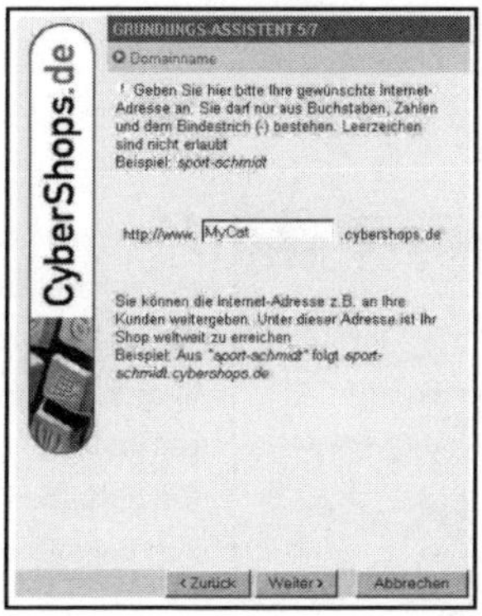

4. Entscheiden Sie sich im nächsten Schritt für eine Internetadresse. Im Beispiel lautet diese: *www.mycat.cybershops.de*.

5. Nachdem Sie gewählt haben, erhalten Sie (per Internet und/oder E-Mail) ein Passwort und den Benutzernamen. Notieren Sie sich beides!

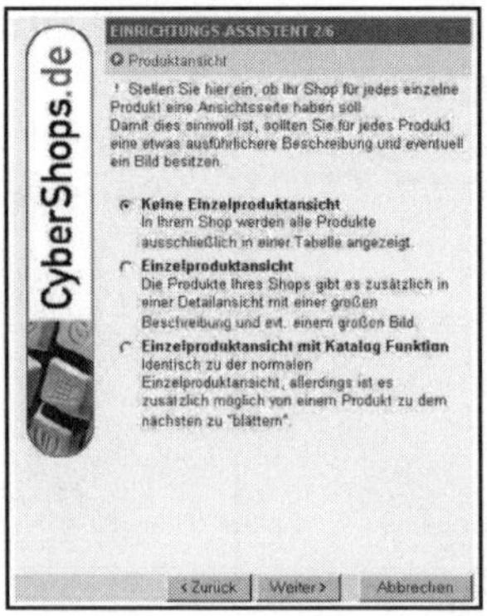

6. Klicken Sie auf »Schließen« und gehen Sie dann zum Einrichtungsassistenten. Geben Sie zunächst Ihr Passwort ein.

7. Wie möchten Sie Ihre Produktansicht aufbauen? Alles auf eine Seite, als Einzelansicht oder zum Blättern? Wählen Sie eine der Möglichkeiten.

8. Hat Ihr Shop Abteilungen (zum Beispiel Schuhe und Mäntel) oder nicht? Sinnvolle Einteilungen erleichtern Ihren Kunden die Recherche.

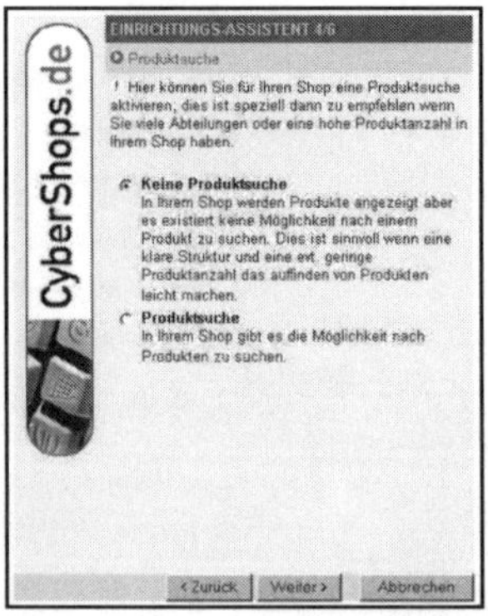

9. Möchten Sie eine Suche integrieren? Im Beispiel ist »Nein« angewählt, doch bei einem Shop mit vielen Produkten sollte hier ein »Ja« stehen.

10. Nun entscheiden Sie sich aus verschiedenen Vorlagen für ein Layout, im Beispiel »Tatze«. Fertig und schließen!

www.cybershops.de

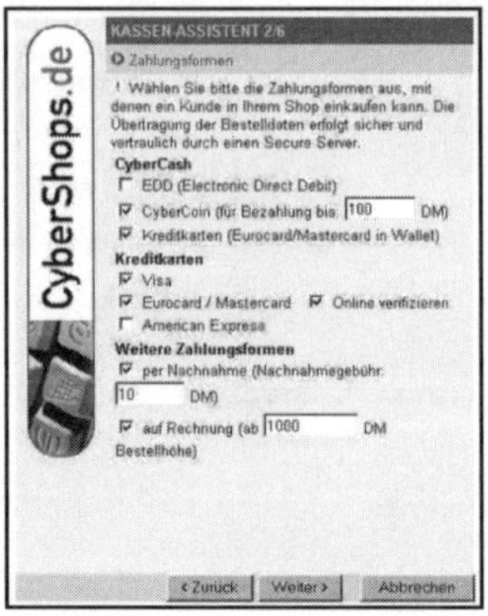

11. Weiter geht es zum Zahlungsassistenten. Über die unterschiedlichen Zahlungsmöglichkeiten im Internet siehe Kapitel »Zahlungsweisen im Netz«, Seite 96. Bieten Sie Ihren Kunden immer mehrere Zahlungsalternativen!

12. Ab in den Bereich Versandkosten: Auch hier ist eine breite Spezifikation wichtig. Kunden bevorzugen niedrige Versandkosten und durchsichtige Staffelungen.

13. Danach wählen Sie, ob Sie Bestellungen via Internet oder per E-Mail erhalten möchten.

14. Im nächsten Schritt geht es darum, festzulegen, wie hoch die Mehrwertsteuer ist und ob es eine getrennte Eingabe für Rechnungs- und Lieferadresse geben soll (wichtig bei Geschenkartikeln).

www.cybershops.de

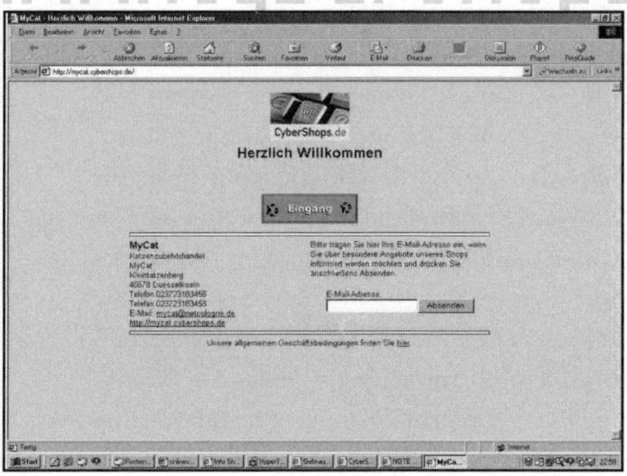

15. Jetzt können Sie Ihren Shop erstmals betreten. Gefällt er Ihnen? Weiterer Feinschliff ist mit Cybershops kein Problem!

Mit Ausbaupotenzial: Kleine Shops »Marke Eigenbau«

Für Shops gibt es wie für andere Programme – zum Beispiel Ihre Textverarbeitung – Standardsoftware. Einige dieser Programme werden auf CD angeboten, andere im Internet direkt zum Downloaden. Immer häufiger finden Sie auch Versionen, die Sie wahlweise als CD kaufen oder als »Instant Software« direkt herunterladen (downloaden) können (so bei *www.softline.de*). Bei fast allen Standard-Software-Shops können Sie aus verschiedenen Layoutvorlagen wählen und haben darüber hinaus die Möglichkeit, Ihr eigenes Logo einzubinden.

Ein sehr günstiges Produkt ist die bereits erwähnte Software der Firma Data Becker (*www.databecker.de*) »Mein Online-Shop«. Um mit diesem Programm einen Shop aufzubauen, benötigen Sie kaum Vorkenntnisse. Änderungen und Aktualisierungen Ihres Shops können jederzeit bequem und günstig offline durchgeführt und mit einem Klick ins Netz gestellt werden. Ihr Shop verfügt über eine komfortable Online-Bestellmöglichkeit, die für den international anerkannten SSL-Sicherheitsstandard vorbereitet ist. Damit kann vergleichsweise sicher per Kreditkarte bestellt werden – vorausgesetzt Ihr Shop läuft auf einem SSL-Server. Für einen Aufpreis können Sie die SSL-Funktionalität auch direkt bei Data Becker bekommen. Sie erhalten dann auf dem Server der Firma ein Unterverzeichnis, in das Sie Bestellseiten übertragen. Unter *www.mein-webshop.com* können Sie Ihren Shop zudem eintragen lassen und damit zu seiner Bekanntheit beitragen.

Eine Preisklasse darüber liegt die Shop Factory (ab 300 Mark), die in verschiedenen Versionen angeboten wird. Die Light-Version reicht für einen Shop mit einer Abteilung (also einer Produktkategorie wie »Schuhe«) und bis zu 50 Produkten. »Pro« lässt eine unbegrenzte Anzahl an Abteilungen und Produkten zu. Die Developer-Version (Entwickler-Version) ist für Profis, die selbst Shops erstellen und verkaufen möchten und verlangt fundierte HTML-Kenntnisse. Eine ganz einfache Version können Sie als Free-Shop testen (siehe Kapitel »Die einfachste Lösung: Der Shop zum Nulltarif«).

Sehr beliebt ist auch NetShop V 1.2 für knapp 300 Mark mit voll integrierter Kreditkartenabrechnung. Eine Testversion für 30 Tage kann unter *www.XynX.de* oder *www.Paybill.de* heruntergeladen werden.

WWW Wichtige Adressen

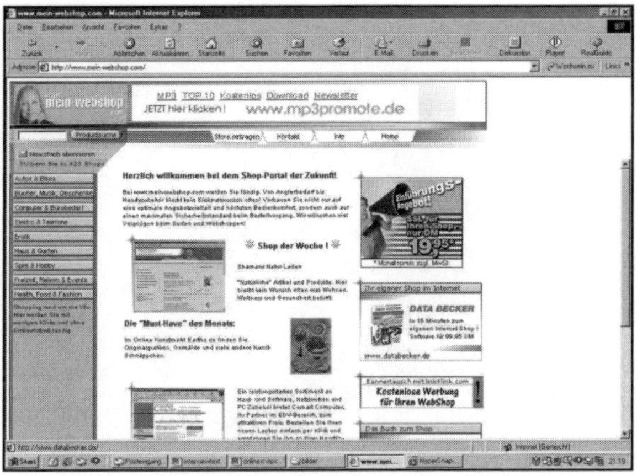

www.mein-webshop.com

Wer sich einen Shop mit der Data-Becker-Software baut, kann sich gleich im zugehörigen Webverzeichnis eintragen lassen.

www.shop-factory.de

www.shop-generator.de bietet, wie der Name schon sagt, einen einfach zu bedienenden Generator und verschiedene Designvorlagen (um 290 Mark).

www.perlscripts.de/pages/Online-Shops/more3.html: Linkliste zu auf Perlscripts beruhenden Shopsystemen

Tipp Shops schöner machen

Shops in 3D vermitteln echtes Einkaufsgefühl. Cyronics, ein Programm für rund 60 Mark, kann Ihren Shop in einen 3D-Laden verwandeln. Doch Vorsicht: Reduzierte Shops mit geringen Ladezeiten sind die Kundenlieblinge, keine 3D-Spielen nachempfundene Online-Läden.

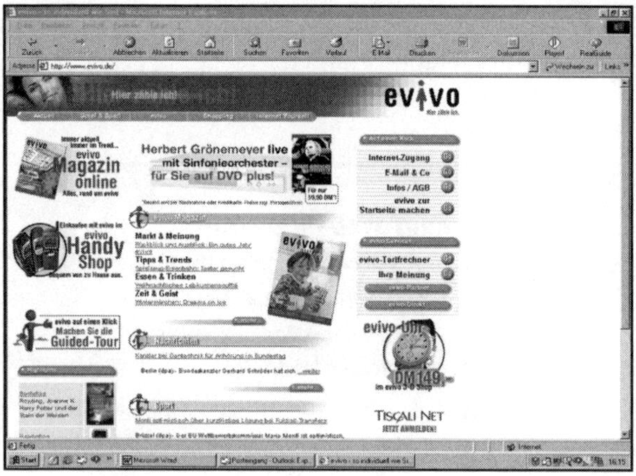

www.evivo.de

Einkaufen wie im richtigen Lebens lautet das Motto bei Evivo. Um Shoppingfreuden zu genießen, braucht man indes als Nutzer spezielle Plug-Ins, hier Quick-Time (Videoformat) und Flash (um mit dem Programm Flash von der Firma Macromedia erstellte Filme anzusehen).

Mit professioneller Hilfe erstellt: Komplettlösungen für ein mittleres Budget

Mindestens 5000 Mark müssen Sie investieren, wenn Sie Ihren Shop von einem Profi aufbauen lassen, der oft auch die komplette Webseitengestaltung übernehmen kann. Solche Anbieter von Shoplösungen arbeiten häufig mit Eigenentwicklungen, also Programmen, die sie selbst geschrieben haben. Es kann aber auch sein, dass man auf fertige Lösungen zugreift. Fragen Sie danach und lassen Sie sich in jedem Fall Referenzshops zeigen. Vermitteln diese Shops richtiges Einkaufs-Feeling? Bauen sich die Seiten schnell auf oder nerven lange Wartezeiten? Können Sie Produkte einfach suchen, Kataloge schnell durchblättern?

ok Stellen Sie Ihrer Agentur folgende Fragen:

- Können Sie Aktualisierungen selbst durchführen? Wenn ja: Wie einfach geht das und welche Unterstützung bekommen Sie?
- Behält sich die Firma vor, Ihren Shop selbst zu aktualisieren? Dies ist nicht empfehlenswert, weil zusätzliche Kosten auf Sie zukommen und Sie von der Firma abhängig sind.
- Sind Aktualisierungen just in time, also sofort, möglich?
- Regeln Sie vertraglich, wer die Rechte an den Layouts für Ihren Shop innehat. Können Sie die Gestaltung der Seiten, die Scans der Produktfotos und Inhalte behalten, wenn Sie sich für einen anderen Anbieter und eine andere Shoplösung entscheiden? Dies ist nicht selbstverständlich.
- Überträgt der Anbieter Ihre Daten bei einem Wechsel zu einem anderen Provider in einer angemessenen Zeit?

Technik vom Feinsten: High-End-Lösungen

Die Installation eines Shops kann eine mittlere bis große Firma von der Beratung über die Lizenzgebühren bis hin zur Schulung von Mitarbeitern leicht eine sechsstellige Summe kosten. Sie können aber auch Profi-Systeme für 20 000 Mark installieren – viele Anbieter haben neben einer »großen« oft auch eine »kleine« Einsteigerversion im Programm. Entscheidend sind Ihre Ziele und Ihre internen technischen und organisatorischen Voraussetzungen.

Anbieter tummeln sich viele auf dem Profi-Markt, IBM *(www.ibm.de)* und Oracle *(www.oracle.de)* zum Beispiel. Zwei Profi-Systeme kommen von der Firma Intershop: Intershop Merchant und Intershop Enfinity.

Otto-Versand, Deutsche Telekom, Altavista, Mobilcom und Mercedes Benz – die Shops der ganz Großen laufen auf Intershop Enfinity, einer auf den offenen (das heißt flexiblen) Standards XML und Java basierenden Lösung, die für die Endkunden individuell angepasst wird. Größter Vorteil: Die Lösung kann in bestehende wie kommende Geschäfts- und Vertriebsprozesse integriert werden und sie ist skalierbar, kann sich also veränderten Bedürfnissen anpassen.

Enfinity erlaubt das Verkaufen über angeschlossene Websites, über Internetportale, über Websites, die über keinen eigenen Store verfügen oder direkt von Computer zu Computer (»sell-everywhere«-Prinzip). Zudem bindet Enfinity auch andere Applikationen und Internetdienste ein, egal ob im Intranet oder Extranet, einem Internet, das nur einem bestimmten Kundenkreis – etwa dem Großhandel – zugänglich ist.

Was für Sie empfehlenswert ist, können Sie nur in Gesprächen mit den Anbietern herausfinden. Ideale Tribünen für erste Kontakte sind Messen, allen voran die Cebit. Lassen Sie sich am besten von Experten von zwei oder drei verschiedenen Firmen ausführlich beraten und sich eine grobe Kostenschätzung geben. Erste Beratungen vor Auftragserteilung sollten immer kostenlos und unverbindlich sein.

Übersicht über Shop-Software

Shop-Software	Beschreibung	Zirka-Kosten, auch von Einsteigerversionen
Easy Online Classic Edition *www.easyonline.org*	Alle Funktionen, die man bei einem Shopping-System in diesem Preissegment erwarten kann. Starter Edition zum Ausprobieren.	698 Mark Starter Edition 89 Mark
Hybris Professional Edition *www.hybris.de*	Diese Profiversion besitzt ein integriertes Warenwirtschaftssystem mit Schnittstellen zu anderen Warenwirtschaftssystemen und die Bearbeitung von Offline-Bestellungen. Die Professional Edition unterstützt mehr Zahlungssysteme als die Starter Edition sowie SET.	10 400 Mark Shop Starter Edition 950 Mark
Internolix Small Business Shop *www.internolix.de*	Ideal für die einfache Einrichtung eines Online-Shops, ohne HTML-Kenntnisse. Das Shopping-System wird über Eingabemasken mit den relevanten Informationen gefüllt. Für Einsteiger empfiehlt sich besonders die Version Small Market.	Ab 5600 Mark Internolix Small Market 490 Mark Internolix Mini Market Express 99 Mark
Intershop Enfinity	Extrem flexibel: Für den B2B-, B2C-Verkauf sowie Marktplätze. Anbindung an SAP, Oracle-Datenbanken usw. möglich.	Je nach Anwendung ab rund 20 000 Mark
Intershop Merchant *www.intershop.de*	470 MB Festplattenspeicher braucht dieses mächtige System. Die mitgelieferte Datenbank: eine Sybase SQL-DB oder eine Oracle-Datenbank, die hinter dem eigentlichen Shopping-System ihre Arbeit verrichten (als Warenwirtschaftssystem bzw. Produktdatenbank). Sehr viele verfügbare Zahlungsmethoden.	11 000 Mark Openshop
Professional *www.openshop.de*	Datenbankunabhängig. Dadurch ist Openshop besonders für Unternehmen geeignet, die bereits Warenwirtschaftssysteme betreiben oder schon eine Produktdatenbank verwenden.	6000 Mark

WWW Wichtige Adressen: Anbieter von Shop-Software

www.intershop.de
www.openshop.de
www.ibm.de
www.oracle.de
www.commerceone.com
www.internolix.de

www.carstensmarzipan.de

Mit Openshop erstellt: der Internet-Shop von Deutschlands größtem Marzipanversender.

www.carstensmarzipan.de

Die Homepage zum Shop

Bei vielen Angeboten gehört die Homepage schon mit zum Shop. Das heißt: Im Pauschaltarif sind auch ein paar Extraseiten inbegriffen, mindestens aber die Startseite und eine Seite mit Kontaktinformationen. Für manche Shops ist dies ausreichend. Die Webseite der Juweliere Tschoelisch (*www.jewel-shop.de*) braucht neben der im Web einmalig umfassenden Esprit-Kollektion keine weiteren Attraktionen, der Shop ist Attraktion genug. Esprit selbst – ein Hersteller junger Trendmode, der seit einiger Zeit auch Uhren und nun auch Schmuck anbietet – verkauft online nur eine Auswahl seiner Produkte.

Marken etablieren

Je weniger bekannt Ihre Ware ist, je weiter sie davon entfernt ist, eine »Marke« zu sein, desto mehr müssen Sie tun, um diese als solche zu etablieren. Und das heißt informieren und dem Kunden ein vertrauensbildendes Umfeld bieten. Denn selbst wenn Sie der einzige Möbeldesigner weltweit sind, der diesen einen Tisch entworfen hat und ihn über einen Internet-Shop verkauft, brauchen Sie eine Einrichtung, etwas, das Ihrem Shop ein Gesicht und Ihnen das gewünschte Image gibt. Sie können mit dem Kunden nicht reden, ihn nicht empfangen, beraten, auf ihn Einfluss nehmen wie in einem normalen Geschäft. Das alles muss die Homepage, müssen die einzelnen Seiten um die Shop herum für Sie leisten.

So möchte der Kunde etwas über Sie und Ihr Geschäft erfahren. Er möchte wissen, wer Sie sind, was Ihre Ziele sind, wie Sie arbeiten, was Sie zum Beispiel zu diesem einzigartigen Design bewegt hat. Lauter Informationen, die den Verkauf fördern und auch den Preis rechtfertigen. Das gilt umso mehr, wenn Sie Ihre Klientel in designorientierten Bereichen sehen – bei Werbern, Medienleuten, Menschen eben, die einen erlesenen Geschmack haben oder meinen zu haben. Hier muss auch das Design der Homepage stimmen und den Stil Ihrer Arbeit widerspiegeln. Liebhaber von

Designermöbeln lieben eine schöne, ungewöhnliche Optik – und sehr häufig auch die neuesten technischen Internet-Trends, Flash-Animationen zum Beispiel. Ähnliches gilt übrigens für alle sehr hochpreisigen, edlen Artikel. Je teurer der Artikel, desto edler muss auch das Ambiente sein. Hier lohnt es sich häufig, in eine Multimedia-Agentur zu investieren, die auf Webdesigns spezialisiert ist.

Je weniger spezialisiert Sie sind, desto wichtiger die Homepage!

Mehr Homepage – also mehr Webseiten – brauchen Sie auch, wenn Sie Ihre Käufer nicht nur über das Produkt gewinnen können. Wenn also ähnliche Waren in ähnlichen Shops zu ähnlichen Preisen angeboten werden. Dies ist für den Kunden dann eine Entscheidung, wie sie beim CD-Kauf oft zwischen Saturn und WOM beispielsweise stattfindet: Kaufe ich meine CD hier oder dort? Entweder es entscheidet die Nähe – oder die Sympathie, die man einem bestimmten Geschäft entgegenbringt, jedenfalls bei gleichem Preis. Auch ein gutes Angebot unterschiedlicher Zahlungsmöglichkeiten kann helfen, Kunden zu binden. So geht manch ein Kunde lieber zu WOM als zu Saturn, da hier Kreditkarten akzeptiert werden. Kunden binden heißt Marketing betreiben. Und Marketing betreiben heißt auch ein beschreibbares, positives Image schaffen, sich abzugrenzen, sich eine Zielgruppe aufzubauen. Der »sympathische« Buchhändler oder der extrem schnelle Musik-CD-Versand sprechen diese Zielgruppe sehr breit an. Auch mit individuellen Aktionen schafft man beim Kunden Vertrauen und sich einen Stammkundenkreis. Der Uhrenhändler mit den pfiffigsten Geschenkverpackungen oder der Second-Hand-Designer-Laden, der jeder Bestellung ein Fläschchen selbst kreiertes Parfüm beilegt, hebt sich vom Wettbewerb ab.

Auch Mut in der Kundenansprache kann zum Erfolg führen: So kann es sich ein Abenteuerreisespezialist leisten, seine Zielgruppe mit Du anzureden und Survival-Clubs zu gründen, die sich am Wochenende zum Regenwurm-Grillen treffen – auf die Gefahr hin, eher konservativ denkende Menschen abzuschrecken. Wer sich weg vom Mainstream bewegt, findet dort sehr häufig ein Publikum, das auf das total oder wenigstens ein bisschen andere wartet. Nur muss es zum Produkt passen: Ein Händler edler Weine sollte sich nicht esoterisch präsentieren, wohl aber der Verkäufer von nach den Regeln des Mondkalenders gebrauten Mondbiers, das nur im Internet und nirgendwo sonst erhältlich ist.

Anziehungspunkte bieten!

Neben Image sollten Sie auf Ihrer Webseite außerhalb des Shop-Bereichs auch richtige Anziehungspunkte bieten. Dies kann ein Gewinnspiel sein – eines der werbewirksamsten Mittel im Internet. Beispiel: Sie verkaufen Tickets über das Internet, was viele andere auch tun. Im Gegensatz zu Ihren Wettbewerbern verlosen Sie jedoch regelmäßig Wochenendtrips mit Konzertbesuchen.

Aber auch Information – keine Werbung! – kann Kunden von hier auf den »Nebenschauplatz« Online-Shop leiten. Machen Sie sich klar: Das Internet wird sehr häufig, zu etwa 70 Prozent, zur Informations-Recherche genutzt, Surfer wollen Dinge erfahren und konkrete Antworten bekommen, wenn Sie online gehen. Bieten Sie Ihren Kunden, was Sie wollen! Natürlich sollten diese Informationen mit Ihrem Shop-Thema zu tun haben. So kann eine Zoohandelsseite durch fundierte Informationen zu Haltung und Pflege und Futter- und Ernährungstipps erheblich gewinnen. Diese sollten sich aber von anderen Tipps unterscheiden, besser sein, fundierter sein – oder zum Beispiel von einem Experten stammen, der nur auf Ihrer Homepage Tipps gibt und nirgendwo anders.

Homepage selbst erstellen

Gerade wenn Sie am Anfang stehen, ohne Millionen an Venture-Capital in der Hinterhand, werden Sie vieles selber machen. Steht Ihnen kein großzügiges Budget für die Gestaltung der Webseiten zur Verfügung, sind Sie vielleicht sogar zur »Heimarbeit« gezwungen. Manch werdenden Shop-Besitzer treibt auch schlicht der Ehrgeiz dazu an, selbst Hand anzulegen. Bedenken Sie aber: Webseiten-Erstellung ist nicht sehr teuer und fast immer gut investiert. Ein professioneller Webdesigner weiß nicht nur, was optisch ankommt, sondern kennt sich auch in der Benutzerführung aus. Wie muss eine Seite strukturiert sein, damit der Besucher sich schnell und intuitiv zurechtfinden kann? Schöne Grafiken machen noch lange keine Homepage. Um Webseiten zu erstellen, müssen Sie HTML beherrschen, die Sprache des Internets – zumindest aber einen Editor, eine Software, die diese Sprache visuell umsetzt.

Doch auch bei der Verwendung solcher Hilfsmittel sind grundlegende strukturelle Kenntnisse von HTML nötig. So sollten Sie beispielsweise wissen, wie Bilder in eine Seite eingebunden werden, um später eventuelle Fehlerquellen im Quellcode der Seite, also in den Programmzeilen selbst, aufspüren zu können. Das Erlernen von HTML geht recht schnell, denn es handelt sich um eine sehr einfach strukturierte Sprache. Um jedoch auch Finessen und Kniffe anwenden zu können, ist deutlich mehr Vorarbeit nötig. Idealerweise besuchen Sie einen Kurs an einer Computerschule. Dies empfiehlt sich auch, wenn Sie Ihre Seiten nicht selbst erstellen, aber ein Grundverständnis erhalten möchten, um Aktualisierungen später selbst durchführen zu können. Auch das Selbststudium über Fachbücher hat schon viele in die Weihen von HTML eingeführt – allerdings eben nicht von heute auf morgen. Moderne Internetseiten beruhen zudem nicht mehr auf reinem HTML, sondern legen oft XML, eine Erweiterung von HTML, zugrunde. Ein Muss für Homepage-Programmierer ist auch die Beherrschung von JavaScript, ebenfalls vergleichsweise einfach zu erlernen. Designorientierte Seiten bedienen sich sehr häufig der Flash-Technologie und verzichten ganz oder teilweise auf HTML. Flash ist ein Programm, in dem sich komplexe Animationen, Filme und komplette Webseiten erstellen lassen. Anders als HTML liefert es keine statische Optik, sondern sorgt für bewegte, fernsehähnliche Bilder. Auch Flash-Seiten lassen sich selbst erstellen, doch benötigt man für hochwertige Seiten tiefgreifende Kenntnisse. Mit der ansprechenden Grafik einer Flash-Seite dürfte zudem ein Nicht-Designer in der Regel überfordert sein. Bedenken Sie auch, dass Shopseiten zugunsten schneller Ladezeiten und einer übersichtlichen Optik auf all zu viele Effekte verzichten sollten.

HTML lernen leicht gemacht

Am einfachsten durchschauen Sie die Struktur von HTML, wenn Sie sich einmal den Source-Code (Quelltext) einer Seite ansehen. Dafür schalten Sie in Ihrem Browser, dem Surfprogramm für das Internet, einfach im Menüpunkt »Ansicht« auf »Quelltext«. Alternativ können Sie auch die rechte Maustaste betätigen und hier den entsprechenden Befehl auswählen. Eine Seite beginnt immer mit dem Befehl »Head«. Danach folgen oft die so genannten Meta-Tags, die Sie im Kapitel »Cleveres Shop-Marketing« noch ausführlicher kennen lernen werden. Der Befehl »imgsrc« bedeutet Image-Source und beschreibt die Quelle, aus der sich der Browser sein Bild laden soll. Hier wird angegeben, in welchem Verzeichnis sich das Bild befindet, zum Beispiel im Ordner »Bilder«.

Finden Sie das Wort »Frame«, so bedeutet dies, dass die vorliegende Seite mit »Frames«, also Rahmen, aufgebaut ist. Dies ist häufig bei Seiten der Fall, die in drei Felder aufgeteilt sind. Oben Banner oder Logo, seitlich ein Index, in der Mitte ein Fenster mit wechselndem Inhalt. Die Struktur mit drei Frames ermöglicht eine schnelle Orientierung und ist deshalb bei Seiten beliebt, die klar und übersichtlich sein müssen – Shops zum Beispiel. Eine ähnliche Struktur lässt sich jedoch auch mit unsichtbaren Tabellen erzielen.

Sehen Sie irgendwo das Wort »Onmouseover«? Dann sind Sie einem JavaScript auf der Spur. »Onmouseover« besagt, dass ein Bild wechselt, wenn Sie mit der Maus darüber gehen. Dies ist sehr häufig bei Buttons der Fall, die zum Beispiel einen Beleuchtungseffekt erhalten oder die Farbe wechseln.

Tipp **Selfhtml**

Eine sehr gute – womöglich die beste überhaupt – Einführung in HTML bietet Ihnen Stefan Münz mit seinem SELFHTML, kostenlos auf der Seite *www.netzwelt.com* abzurufen.

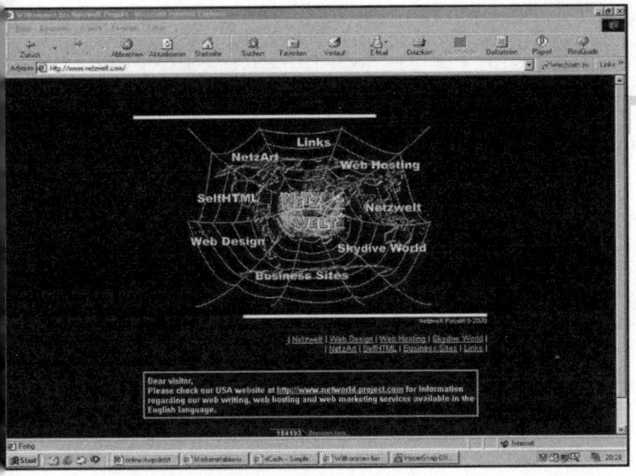

www.netzwelt.com

Die wahrscheinlich beste – und kostenlose – Einführung in HTML ist die von Stefan Münz.

Fast so einfach wie Word: Editoren helfen

Editoren sind Programme, die Text und Design in HTML-Befehle umsetzen. Sie programmieren keinen komplizierten Code, sondern arbeiten direkt an einem »Bild«, das Sie später im Internet in ähnlicher Form sehen. Einer der gebräuchlichsten Editoren ist Frontpage von Microsoft, das zum

Microsoft Office-Paket gehört. Wer ohnehin mit dem Paket arbeitet, braucht hier also keine zusätzlichen Investitionen zu leisten. Gleiches gilt, wenn Sie auf Freeware, also frei erhältliche Programme, zurückgreifen, die sich für Einsteiger zum Teil gut eignen. Ein von Kennern als sehr gut bewertetes Freeware-Programm heißt Arachnophilia. Es liegt – wie auch einige andere Programme seiner Art – unter *http://swt.uni-stuttgart.de/ST-Home/HTMLed/html_ed.html* zum Downloaden bereit.

Andere Programme kosten zwischen 100 und 800 Mark. Die Preise aktueller Softwareprogramme können Sie unter anderem beim Software-Händler Softline (*www.softline.de*) abrufen. Recht günstig, aber etwas altertümlich ist Page Mill, ein Programm von Adobe, das vor allem in den Anfangszeiten des Internet seine Hochphase hatte. Page Mill ist sehr leicht zu bedienen, schreibt aber keinen »sauberen« Code, was bei der Übertragung von Seiten ins Internet zum Problem werden kann. Ebenfalls leicht angestaubt ist der Netscape Composer, der bis zur Version 4.0 in den Browser Netscape integriert war. Sein größter Nachteil: Der Code lässt sich nicht direkt bearbeiten, was bei einem guten Editor gewährleistet sein sollte. Auch die Funktionalität reicht nicht an moderne Editoren heran.

Bei Profis sehr beliebt ist der Dreamweaver von Macromedia. Dieses Programm verfügt über alle nur denkbaren Funktionen und schreibt einen HTML-Code, wie er von Hand kaum schöner sein könnte, schwärmen Profis. JavaScripts lassen sich ebenso leicht einbinden wie die so genannten JavaApplets, das sind kleine Java-Programme, die zum Beispiel Aussehen und Aktion der Navigationsleiste (der Indices) steuern.

Tipp **Code checken lassen**

Fehler im HTML-Code? Wo diese sich verstecken, befördert *www.nethero.de* zutage. Kostenlos. Fehlerhafte Seiten können Sie auch gleich online korrigieren.

So kommen Homepage und Shop ins Internet

Wenn Sie eine Agentur mit der Shop-Erstellung und kompletten Abwicklung beauftragen, brauchen Sie sich um die Übertragung der Daten ins Internet nicht zu kümmern. Mieten Sie einen Fertig-Shop, so wird der Anbieter Sie meist auch mit Webspace versorgen und bei der Übertragung behilflich sein. Kaufen Sie Software auf CD, wird Ihnen der Hersteller den Weg ins Internet in seiner Anleitung beschreiben.

Der Übertragungsweg von Dateien aus dem Computer daheim ins World Wide Web verläuft über den so genannten ftp-Bereich des Internets. FTP steht für »file transfer protocol«, zu deutsch Datenübertragungsprotokoll. Um Daten von Ihrer Festplatte (dem Datenspeicher im Computer) in den von Ihnen durch die Domainregistrierung gemieteten ftp-Bereich zu spielen, benötigen Sie ein spezielles Programm.

Ein leicht zu bedienender Klassiker ist CuteFTP (kostenlos herunterzuladen unter *www.cuteftp.com*). Vor dem Start müssen Sie dem Programm noch sagen, wohin es die Daten übertragen soll. Dafür sollten Sie die so genannte IP-Adresse Ihrer Domain (eine nummerische Kombination) bereit halten, außerdem das Benutzerkennwort sowie das Passwort, das Ihnen Ihr Provider zugeteilt hat.

Immer wieder Neues bieten: Die Homepage aktuell halten

Nichts wirkt staubiger als eine Homepage, auf der die letzte News ein halbes Jahr alt ist. Ihr Kunde erwartet nicht nur Pflege des Sortiments, sondern auch der Homepage. Damit Stammkunden auch Stammkunden bleiben, sollte ihnen immer mal wieder Abwechslung geboten werden, vor allem inhaltlich. Doch wie aktualisiere ich, ohne jedes Mal einen Auftrag an eine Agentur zu vergeben? Wenn Sie Ihre Webseiten nicht selbst erstellt haben, ist dies für Sie die Frage Nummer eins. Im Allgemeinen werden von Agenturen erstellte Seiten in so genannten »Templates« gespeichert. Dies ist eine Art Raster, die das Aussehen einer Seite definieren, darüber hinaus Schrifttyp, Überschriftengrößen usw. Weitere Seiten können auf der Basis dieser Templates recht einfach erstellt werden.

Content-Management-Systeme machen Webseiten-Pflege leicht

Um es Webseitenbetreibern – aber vor allem Ihren Mitarbeitern! – so einfach wie möglich zu machen, gibt es Content-Management-Systeme (CMS). Das ist eine Software, die auf einfachste Art und Weise hilft, die Seiten zu aktualisieren. Solche Softwareprogramme lassen sich kaufen und individuell für Ihren Bedarf anpassen. In der Regel übernimmt das die E-Commerce-Agentur, die auch Ihre Seiten erstellt hat. Problem: die Kosten. Mit Lizenzgebühren für die Nutzung der Software auf den verschiedenen Arbeitsplätzen Ihrer Mitarbeiter wachsen sie schnell in den sechsstelligen Bereich.

Die Alternative für alle, die klein anfangen: Ein sehr preiswertes Content-Management-System bietet die CM AG auf der Seite *www.cm4all.de*. Die monatlichen Gebühren liegen unter 50 Mark, einmalige Kosten fallen nicht an. Dieses System ist webbasiert, das heißt, Änderungen gehen vom Internet aus und werden auch dort gespeichert. Allerdings genügt es nur den Ansprüchen kleiner Websites!

www Wichtige Adressen

www.cm4all.de: ein Content-Management für alle – jetzt direkt im Internet
www.pironet.de: Content-Management-System
www.allaire.com
www.arago.de
www.imperia.de
www.poet.com

M-Commerce – Shopping per WAP

2001 soll es rund 40 Millionen Handys in Deutschland geben. Einkaufen und Buchen übers Handy – M-Commerce (für Mobile Commerce) hat Zukunft! Vor allem zum Bestellen von Büchern, CDs, Tickets und für Hotelreservierungen ist WAP – die Abkürzung für Wireless Application Protocol – gut geeignet, denn es ermöglicht Shopping nicht nur jederzeit, sondern auch von überall und unterwegs. Ein Vorteil ist die Ortsunabhängigkeit: Gleich wo Sie sind, Sie können überall einkaufen. Daraus ergeben sich ganz neue Servicemöglichkeiten. Ein Kunde, der sich gerade in der Nähe eines bestimmten Einkaufszentrums befindet, kann ganz gezielt auf die dortigen Aktionen aufmerksam machen. Sucht jemand ein Hotel in einer ganz bestimmten Umgebung, so braucht er nur via WAP suchen – und kann auf Wunsch direkt buchen. Möglich macht diesen Hotelservice schon heute die Check-Inn.com AG (*www.check-inn.com*). WAP hilft so vor allem auch dem Präsenzhandel, seine Angebote bei den Online-Kunden bekannt zu machen.

Allerdings steckt die Technik noch in den Kinderschuhen – WAP ist derzeit viel zu langsam, um wirklich effektiv genutzt zu werden. Dank UTMS und GPRS – neuen technologischen Standards – kann sich dies aber bald ändern. Auch die WAP-fähigen Handys der nächsten Generation werden mehr bieten als triste Bildchen. Darauf setzen auch immer mehr Online-Shop-Besitzer, die nicht nur einen Service im Internet, sondern auch die Bestellung oder Buchung per WAP ermöglichen.

Empfehlenswert ist ein eigenes WAP-Angebot neben dem Internet-Shop für Sie dann, wenn Ihr Service oder Ihr Verkaufsangebot lokalen Charakter hat – etwa, wenn Sie unterschiedliche Sonderangebote in verschiedenen Filialen Ihres Geschäfts bieten. Der Nutzen für reine Online-Shops ist zumindest derzeit noch zweifelhaft, was vor allem an den für den Nutzer zu hohen Kosten im Vergleich zum »richtigen« Internet liegt. Auch die sehr eingeschränkte Darstellung auf dem Display eines Handys trübt das Kaufvergnügen. Erklärungsbedürftige Produkte über diesen Weg zu verkaufen, macht so keinen Sinn.

WAP läuft auch auf Palmtops (PDA) und Organizern

WAP wurde vom WAP-Forum entwickelt, einer Organisation, der mehr als 400 Telekommunikationsunternehmen der verschiedensten Bereiche angehören. Es hat sich zum Ziel gesetzt, einen einheitlichen und offenen Standard für mobile Internet-Dienste zu schaffen, um eine weltweite Interoperabilität von drahtlosen Diensten sicherzustellen. WAP ist daher nicht an einen bestimmten Mobilfunk-Standard wie GSM (den derzeit vorherrschenden Standard) oder UMTS gebunden, sondern unterstützt alle. Mittlerweile bekennen sich auch die Hersteller von tragbaren Geräten zu WAP. WAP-Endgeräte können dabei neben Mobiltelefonen auch Organizer, Palmtops, Pager oder Autoradios sein. Wie WAP auf einem Handy aussieht, können Sie sich vorab auch im Internet ansehen. Iobox (*www.iobox.de*) stellt Seiten in etwa so dar, wie Sie auch auf dem Handy erscheinen. Die WAP-Seiten von Internetanbietern können Sie sich mit einem WAP-Viewer fürs www ansehen, den Sie etwa auch bei Yahoo (*www.yahoo.de*) finden.

WWW Wichtige Adressen

www.iobox.de: alles rund ums Shopping per WAP
www.wap.de: Infos und Adresse zu WAP
www.ccwap.de:
Shop-Beispiel: Pizza bestellen per WAP: *http://wap.s24.de*

Safety First: Wie sicher muss ein Shop sein?

Im Supermarkt sieht man selten einmal einen verlassenen Wagen. Im Internet dagegen ärgern sich Händler allerorten über gut gefüllte, aber vor der Kasse abgestellte virtuelle Einkaufswagen. Über 70 Prozent aller Internetsurfer lassen ihren Einkaufswagen mitten im Shop stehen, brechen den Kaufprozess unverrichteter Dinge ab. Kunden, die ernsthaft kaufen wollten!

Die Scheu vor dem Kaufklick hat viel mit der Angst vor mangelnder Sicherheit zu tun. Was geschieht mit meinen Daten? Kann jemand meine Bestellung einsehen und umleiten? Könnte es sein, dass plötzlich eine Million Mark von meinem Konto abgebucht wird? Werden meine Daten weitergegeben, gar verkauft? Es sind eine Menge Ängste, die Kunden vom Shoppen im Internet abhalten.

Nehmen Sie den Kunden ihre Angst

Erfolgreich sind vor allem jene Online-Angebote, die versuchen, den Kunden die Angst zu nehmen. Einigen gelingt das, zum Beispiel Reisevermittler *www.expedia.de*. Und das, obwohl diese Shops nicht sicherer – oder unsicherer – als viele andere sind.

Die Art der Kommunikation macht den Unterschied. Schauen Sie sich die Seite von Expedia an: Egal wo Sie hinklicken, überall begegnen Ihnen freundlich formulierte Texte, die versichern, wie sicher Sie sich fühlen können.

Ähnlich arbeitet L'tur (*www.ltur.de*): Eine Testbuchung soll die Hemmschwelle vor dem Buchungsklick senken. Auch hier ist die gesamte Kommunikationsstrategie auf die Vermittlung eines Sicherheitsgefühls ausgerichtet. Vertrauensbildend ist auch die Herangehensweise von Yahoo. Auf der Seite *http://help.yahoo.com/help/de/shop/* werden alle sicherheitsrelevanten Fragen rund ums Shopping leicht verständlich beantwortet.

Diese drei Beispiele zeigen, dass Sie durch offene Kommunikation eine Menge bewirken können. Was nicht heißt, dass Sie nur reden und nichts für die Sicherheit tun sollen, sondern vielmehr: Den Shop so sicher wie möglich ausstatten und auch darüber reden! Halten Sie sich an die Standards und bieten Sie Ihren Kunden die Sicherheit, die heute möglich ist. Das schafft Vertrauen. Erklären Sie, mit welchen Sicherheitsstandards Sie arbeiten (SSL), weisen Sie auf Ihre Allgemeinen Geschäftsbedingungen (AGBs) hin, bieten Sie eine Testbestellung an. Unterstützend wirkt ein Zertifikat wie Trusted Shops (siehe Tipp), das Ihrem Geschäft zusätzliche Seriosität verleiht.

Ergänzenden Sicherheitsservice für Kreditkartenabrechnungen, Zahlungen per WAP usw. bietet zum Beispiel die Wire Card Global Payment Solutions. Anlaufstelle für sicheren Zahlungsverkehr ist ferner die Brokat AG.

www Wichtige Adressen

www.sicherheit-im-internet.de: alles über Sicherheit im Internet
www.brokat.de
www.wire-card.de
www.webagency.de/infopool/security: Links zu sicherheitsrelevanten Themen
www.kso.co.uk/de/tt/ec024.html: wie Sie sich vor Betrug schützen

Tipp »Fraud Squad« beugt Betrug im Internet vor

Der Kreditkartenanbieter American Express und führende Internetunternehmen haben dem Betrug im Internet den Kampf angesagt und am 1.11.2000 das Netzwerk »Frau Squad« gegründet. »Fraud Squad« erteilt E-Business-Unternehmen Ratschläge zur Betrugsprävention (*www.merchantfraudsquad.com*). Zu den Gründungsmitgliedern gehört etwa auch *www.expedia.de*. In einem Test auf der Webseite können Sie als Online-Shop-Besitzer herausfinden, wie sicher Ihr Shop ist.

Tipp »Trusted Shops«

»Trusted Shops« zertifiziert Online-Shops nach einer eingehenden Prüfung. Es ist so das erste Gütesiegel für Online-Shops mit Geld-Zurück-Garantie für den Kunden. Bei Nicht-Lieferung und fristgerechtem Rücktritt erhält der Käufer sein Geld zurück. Die Preise für die

Zertifizierung richten sich nach Ihrem Umsatz, beispielsweise bei bis zu 250 000 Mark im Jahr 100 Mark jährlich. Weitere Infos unter *www.trustedshops.de*.

www.trustedshops.de

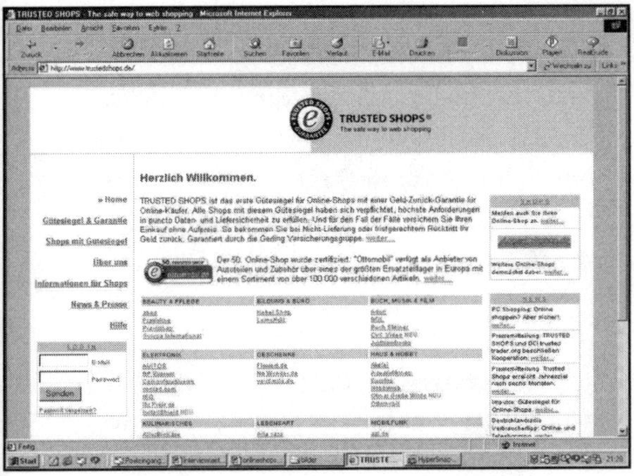

Ein mit Gütesiegel ausgezeichneter Shop weckt Vertrauen.

Rechtliches: Datenschutz und AGBs

Die Allgemeinen Geschäftsbedingungen sind das kleine Rechts-ABC eines Shops: Jeder Shop-Besitzer sollte sich von einem Anwalt AGBs formulieren lassen und diese auch auf der Webseite hinterlegen.

Nicht nur pro forma: Im Laufe Ihres Geschäftslebens wird es immer wieder mal zu Rechtsstreitigkeiten kommen. Nicht nur deshalb ist es besser, auf der rechtssicheren Seite zu sein. Machen Sie nicht den Fehler, AGBs von anderen Shops abzuschreiben, um Geld zu sparen – das geschieht häufig, doch diese Sparmaßnahme schadet eher als dass sie nutzt. Jedes Geschäft ist anders, und dementsprechend müssen auch AGBs individuell gehalten sein. Vor jeder Bestellung sollte der Kunde auf die AGBs hingewiesen werden, am besten durch ein anklickbares Feld (»Ja, ich habe die Allgemeinen Geschäftsbedingungen gelesen«).

Vor der Eröffnung Ihres Online-Ladens sollten Sie sich von einem im Internet erfahrenen Anwalt beraten lassen, denn auch beim Datenschutz und bei der Online-Preisgestaltung ist einiges zu beachten. So dürfen Sie

Daten, die Sie über eine Bestellung erhalten, nicht ohne Einwilligung des Kunden speichern, zu Marketingzwecken verwenden oder gar weitergeben! Das bedeutet in der Praxis zum Beispiel, dass Sie nicht jeden neuen Besteller automatisch in Ihren Newsletter-Verteiler aufnehmen können. Welche Personendaten wie lange von welchen anderen Personen erfasst und abgespeichert werden dürfen, hängt grundsätzlich von der Einwilligung des Betreffenden ab. Ohne eine solche Einwilligung ist eine Erfassung und Weitergabe grundsätzlich untersagt. Diese Einwilligung können Sie erhalten, indem Sie den Kunden – beispielsweise in einem Bestellformular – ein spezielles Feld ankreuzen lassen (»Ja, ich möchte in Ihren Newsletter aufgenommen werden«). Achtung: Das Feld darf nicht von vorneherein angewählt sein, sondern muss standardmäßig (in den so genannten »Default«-Einstellungen) leer sein.

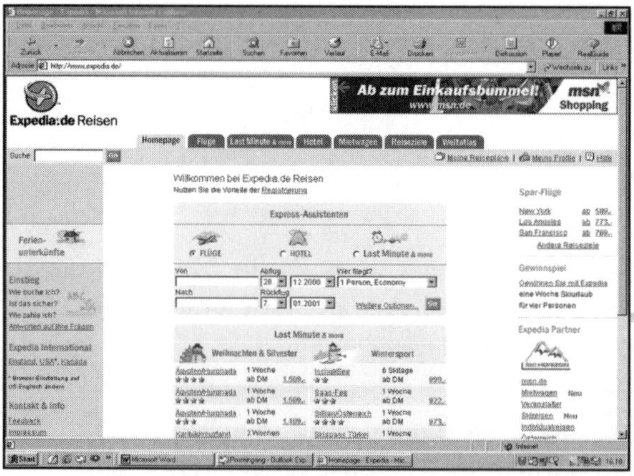

www.expedia.de

Expedia macht es richtig. Felder sind nicht vorausgewählt (»Senden Sie mir eine E-Mail mit aktuellen Reiseangeboten«) und die Nutzungsbedingungen werden vor der Anmeldung klar und deutlich dargelegt.

ok Checkliste: Mehr Rechtssicherheit für Ihren Shop

- Lassen Sie sich Allgemeine Geschäftsbedingungen (AGBs) von einem Anwalt ausarbeiten.
- Fragen Sie Ihren Kunden, bevor Sie ihn in eine Datei aufnehmen, ob er dies auch möchte.
- Formulieren Sie Texte sachlich und unmissverständlich und informieren Sie Ihren Kunden, wozu Sie seine Daten benötigen (etwa, um ihm regelmäßig Informationen per Newsletter zuzustellen).

- Suggerieren Sie nichts: Keine voreingestellten Kreuzchen (»Ja, ich habe die AGBs gelesen« oder »Ja, ich möchte in den Verteiler aufgenommen werden«)!
- Sammeln Sie keine Daten, bei denen der Kunde stutzig werden könnte. Verdächtig ist neben der Adresse der Großmutter etwa auch das Geburtsdatum. Sollten Sie dieses aber nutzen wollen, um den Kunden an seinem Feiertag mit einem Gutschein Ihres Ladens zu überraschen, so müssen Sie ihn fragen, ob er das überhaupt möchte.
- Die Eingabe der Daten sollte über einen sicheren SSL-Server erfolgen. Weisen Sie Ihren Kunden darauf hin, dass er nun den sicheren Bereich betritt.
- Unterscheiden Sie zwischen Pflicht- und freiwillig auszufüllenden Feldern in einem Bestell- oder Anmeldeformular. »Pflicht« sollten nur jede Daten sein, die Sie zur Bearbeitung des Auftrags benötigen. Dem Kunden sollte auf den ersten Blick ersichtlich sein, welche Felder er ausfüllen muss und welche nicht.
- Beschreiben Sie den Bestellvorgang genau. Halten Sie auch Lieferversprechen (etwa: »Lieferung innerhalb von 48 Stunden!«).

Tipp **Bestellung ausdrucken**

Internet-Shopper haben ein Problem: Weigert sich der Verkäufer, das Schnäppchen zu liefern, müssen sie den Vertragsabschluss beweisen. Vertrauenswürdige Internet-Shops sollten deshalb die Möglichkeit bieten, die Bestellung auszudrucken. Dies ist eine einfach programmiertechnische Einstellung. Zudem ist diese Funktionalität in Fertig-Software oftmals enthalten. Rechtsanwalt Christian Czirnich *(www.onlinekanzlei.de)* rät bei Web.de zudem: »Diese Bestellung sollte zudem eine eindeutige ›Tracking-Nummer‹ enthalten. Mit ihr kann der Verkäufer die Bestellung in seinem Shop-System eindeutig identifizieren.«

Zahlungsweisen im Netz

So wollen Ihre Kunden zahlen

Stellen Sie sich vor, Sie sind auf Reisen und haben in einem Geschäft ein ganz tolles Teil zum supergünstigen Preis entdeckt. Glücklich gehen Sie zur Kasse. Da Sie kein Bargeld haben, möchten Sie mit Ihrer Eurocard zahlen. Doch Kreditkarten werden nicht akzeptiert. Der Kauf ist geplatzt.

Wenn Sie Kunden zu wenig oder die falschen Zahlungsmöglichkeiten anbieten, besteht die Gefahr, dass Sie einen Teil der Kundschaft noch vor der Kasse verlieren.

Dabei gibt es landesspezifische Unterschiede: Während in den USA überall mit Kreditkarte bezahlt wird, auch im Internet, bevorzugen die meisten deutschen Kunden Bargeld. Rund 85 Prozent aller Zahlungsvorgänge werden bar abgewickelt. Allerdings handelt es sich dabei meist um kleine Kaufsummen, machen doch diese 85 Prozent lediglich 30 Prozent des Umsatzes aus (laut Richard Sielmann, Electronic Cash, *Wirtschaftswoche 1997*).

Welche Zahlungsmöglichkeiten Sie bieten, sollte auch preisabhängig sein

Je teurer ein Produkt, desto eher greift der Kunde zur Karte. Zudem sinkt die Hemmschwelle bei der Zahlung mit Karte auch in Deutschland. Deshalb bieten fast alle erfolgreichen Webshops diese Möglichkeit an, auch wenn sie in manchen Shops, beispielsweise im Online-CD-Handel, noch selten genutzt wird. Grundsätzlich empfiehlt es sich, möglichst viele verschiedene Zahlungsmodalitäten anzubieten, um möglichst viele Kunden zufrieden zu stellen. Darüber hinaus spielt auch der Preis eine Rolle bei der Entscheidung, welche Zahlungsformen in den Shop integriert werden. Dies gilt vor allem, wenn Sie elektronisches Geld akzeptieren möchten, dessen Bedeutung zweifellos in den nächsten Jahren wachsen wird. So bieten sich gewisse Formen elektronischen Geldes wie CyberCoin und die SmartCard (Geldkarte) vor allem für niedrigpreisige Produkte an. Andere, wie das im Kapitel »eCash« beschriebene elektronische Geld der Deutschen Bank, empfehlen sich für teure Waren wie Hardware oder Hi-Fi-Geräte.

ok Checkliste: Die Zahlungsvorlieben Ihrer Kunden

Die Zahlungsvorlieben im Internet sind folgendermaßen verteilt:

- Kreditkarten: 30 Prozent
- Rechnungstellung: 26 Prozent
- Bankeinzug: 22 Prozent
- Nachnahme: 13 Prozent
- Elektronisches Geld: 4 Prozent
- CyberCash: 1 Prozent
- SmartCards: 1 Prozent
- Elektronische Schecks: 1 Prozent

Quelle: Forit *(www.forit.de)*

Tipp Immer Bruttopreise angeben!

Im Internet sind grundsätzlich alle Preise als Bruttopreise anzugeben. Dies bedeutet, dass alle Preise Endpreise sein müssen, in die sämtliche Preisbestandteile eingerechnet sind, insbesondere die gesetzlich vorgeschriebene Mehrwert- oder Umsatzsteuer. Weitere Preisbestandteile können darüber hinaus Transport- und Bereitstellungskosten sein. Diese Bruttopreis-Forderung ergibt sich – auch für B2B-Seiten – daraus, dass das Internet allen Personen, insbesondere Endverbrauchern, zugänglich ist. Für Endkonsumenten schreibt die Preisangabeverordnung aus Gründen der Vergleichbarkeit vor, dass alle Preise brutto angegeben werden müssen. Das gilt auch, wenn sich das Angebot aufgrund der zu verkaufenden Ware (Zulieferer) nur an Gewerbetreibende richtet.

Klassische Zahlungsmethoden: Nachnahme, Lastschrift & Co.

Nachnahme bedeutet, dass die Post das Geld für Sie beim Kunden bar bei Lieferung der bestellten Ware abholt und Ihrem Konto gutschreibt. Die Nachnahmegebühren variieren dabei je nach Größe des gelieferten Pakets oder Päckchens. Für einen Brief zahlt man derzeit zum Beispiel 3,50 Mark. Wer viel per Nachnahme verschickt, kann durch eigene Aufbringung eines so genannten Barcodes (scannerlesbare Ident-Nummer) Geld sparen.

Nachnahme-Risiko: Der Kunde verweigert die Annahme, ist nie zu Hause anzutreffen und holt das Paket auch bei der Post nicht ab. Infos zu den Gebühren bietet die Broschüre der Deutschen Post AG »Briefzusatzleistungen« und die Internetseite der deutschen Post *(www.deutsche-post.de)*.

Die Möglichkeit der *Lastschrift* ist ein Muss auf deutschen Einkaufswebseiten, denn es ist derzeit nach der Nachnahme die beliebteste Zahlungsmethode bei Internet-Bestellungen. Wie Sie das Lastschriftverfahren abwickeln, besprechen Sie am besten mit Ihrer Bank.

Die *Überweisung* hat den Nachteil, dass Sie Waren erst dann versenden können, wenn die Zahlung eingegangen ist. Für Sie ist das mit mehr Arbeit verbunden, die Ausfallquoten dürften hoch sein. Ähnlich kritisch für Verkäufer ist die Rechnungstellung: Zahlt der Kunde auch? Ist erst ein teures Mahnverfahren nötig? Rechnungen sollten Sie nur Kunden anbieten, die Sie kennen – zum Beispiel nach einer bereits erfolgten und erfolgreich abgewickelten Bestellung. Die Rechnung ist zudem nur bei höheren Beträgen angebracht, ansonsten ist dieses Verfahren zu teuer, zu aufwendig und zu anfällig.

Tipp **Nehmen Sie sich die besten Shops zum Vorbild!**

Web-Psy *(www.web-psy.de)* hat zahlreiche Online-Shops äußerst kritisch unter die Lupe genommen und ein Ranking aufgestellt. Sehr gut schnitten *www.neckermann.de* und *www.lebegesund.de* ab. Wie die Punkte vergeben verteilt wurden, können Sie auf der oben genannten Website nachlesen. Wichtige Erkenntnis: Kaum ein Shop arbeitet optimal – machen Sie es besser!

www.lebegesund.de

Ein vorbildlicher Shop. Schauen Sie mal rein.

Mit Karte zahlen

14 Millionen Kreditkartenbesitzer gibt es in Deutschland. Das sind weniger als Internetnutzer (25 Millionen 2001)! Doch während sich die Zahl der Surfer im Internet explosionsartig vermehrt, verzeichnen die Kreditkartenunternehmen ein zwar konstantes, aber nur verhaltenes Wachstum. Eigentlich unverständlich, denn Zahlen mit Kreditkarte birgt für den Kunden kaum Risiken: Bei betrügerischer Verwendung der Kreditkartendaten aufgrund einer Online-Bestellung können Kunden die Stornierung der Abbuchung verlangen. Außerdem muss ihnen der abgebuchte Betrag sofort wieder gutgeschrieben werden.

Dennoch: Ganz anders als die PR-Surfer sind die Deutschen im Internet zurückhaltender mit dem Einsatz von Plastikkarten als im Alltagsleben. Dabei gibt es Risiken hier wie da! Auch in der realen Welt ist eine Verwendung der kleinen Zahlkarten nicht hundertprozentig sicher. Wer garantiert, dass der Kellner sich nicht die Kreditkartennummer, das Verfallsdatum und Ihren Namen notiert, bevor er Ihnen die Rechnung bringt? Daten, die dieser, ein Bekannter oder jemand, der dem Kellner einfach nur über die Schulter schaut, leicht missbrauchen kann.

Solche Betrügereien gibt es leider auch im Internet. Da noch kaum jemand ein Kreditkartenlesegerät oder ein Lesegerät für die digitale Unterschrift an seinen Computer gekoppelt hat, reichen für den Zahlungsabschluss die rein virtuellen Daten aus.

Dies verunsichert Kunden, die Hemmschwelle ist groß – auch wenn der Kreditkartenbesitzer für nicht getätigte Käufe nicht haftet und der Schaden in dem Fall auf Seiten des Kreditkartenunternehmen liegt.

Doch inzwischen zeichnet sich auch hierzulande ab, dass die Angst vor dem Einsatz der Plastikkarte im Internet im Laufe der kommenden Jahre weiter sinken wird. Zu bequem ist es, »à la carte« zu zahlen. Hinzu kommt die wachsende Akzeptanz von Sicherheitsstandards wie SET.

SET bietet mehr Sicherheit

Was ist SET? SET – Secure Electronic Transaction – ist ein Standard für das Bezahlen mit Kreditkarten, der gemeinsam von Visa und MasterCard unter Beteiligung von IBM, Microsoft, Netscape und anderen namhaften IT-Unternehmen entwickelt wurde. SET garantiert die Vertraulichkeit von Informationen, damit die Datenübertragung im Internet nicht von Dritten eingesehen werden kann. Dabei wird ein Wallet (Software-Geldbörse) eingerichtet, das auch alle Zahlungsvorgänge protokolliert.

Alle Teilnehmer des SET-Verfahrens benötigen ein Zertifikat, das sie als Teilnehmer ausweist. Kunden können ein solches Zertifikat bei ihrer Sparkasse im Rahmen einer Registrierung bekommen, Händler bei ihrem Vertragspartner für Kreditkartenzahlungen. Als Händler benötigen Sie einen Internet-Shop mit einer Shopping-Software für den Bestellprozess und darüber hinaus ein SET-Kassensystem.

WWW Wichtige Adressen

www.mastercard.com/shoponline/set/demo.html

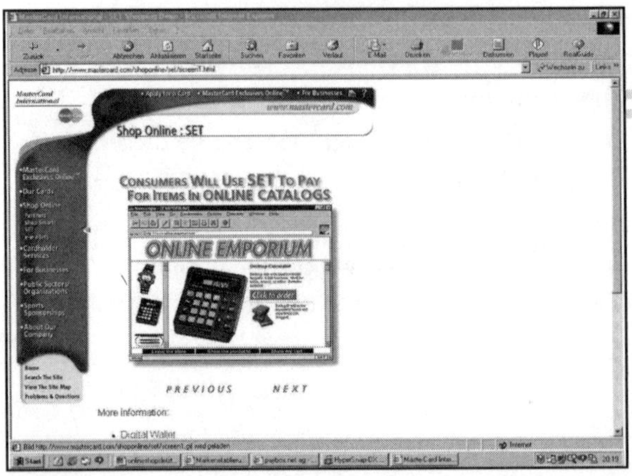

Mastercard-Set-Demonstration

SSL: Das Plus an Sicherheit ist heute ein Muss

Mehr Sicherheit – nicht nur für die Kreditkartenzahlung, sondern generell auch für die Übermittlung von Daten – garantiert ein SSL-Server (Secure Socket Layer). Hierbei handelt es sich um einen speziellen Sicherheitsserver, der Daten bei der Übertragung verschlüsselt und so verhindert, dass Dritte diese (bei der Übertragung) einsehen können. Erkennbar ist ein SSL-Server für den Kunden durch ein Schlüsselsymbol und eine entsprechende Meldung beim Betreten oder Verlassen des Sicherheitsservers. Sie identifizieren eine sichere Verbindung auch daran, dass die Seiten, die für die Übertragung solcher Daten vorgesehen sind, mit https://... beginnen. Nachteil bei SSL bleibt: Der Zahlende muss nicht notwendigerweise der Kreditkartenbesitzer sein.

Wer Kreditkartenzahlung ohne SSL-Verschlüsselung anbietet, wird Schwierigkeiten haben, sich das Vertrauen der Kunden zu sichern. Dann besser auf klassische Zahlungsarten ausweichen. SSL dient aber auch dem allgemeinen Datenschutz (bei der Übertragung können keine Kundendaten eingesehen werden) und empfiehlt sich daher auch außerhalb des Shop-Bereichs bei der Dateneingabe.

Aufgepasst: Wer einen Shop betreibt, benötigt nicht nur einen *SSL*-Server (Provider fragen!), sondern auch ein *SSL*-Zertifikat (rund 300 Mark / Jahr).

Tipp Sicherer mit Shop Smart! und Mastercard

Wer am Shop Smart!-System von Mastercard teilnimmt, ist automatisch Teilnehmer des SET-Systems. Händler, die für Shop Smart! zertifiziert sind, werden auf der Seite von Mastercard gelistet.

www Wichtige Adressen

www.mastercard.com
www.bonsaiboy.com: Beispiel für einen Shop Smart!

Steht hoch im Kurs: Die Geldkarte

Längst gibt es in Deutschland mehr Geld- als Kreditkartenbesitzer. Rund 45 Millionen dieser auch SmartCard genannten Plastikkarten sind hier derzeit im Umlauf. Vorteil: Das in jeder Sparkasse und etlichen Terminals – zum Beispiel an Bahnhöfen – aufladbare Guthaben ist auf maximal 400 Mark begrenzt. Datenräuber können damit nicht reich werden. Eine der wesentlichen Chancen der Geldkarte liegt in der Möglichkeit, dass sie »Micropayments«, also das Zahlen geringer Beträge, erlaubt. Überdies bleibt der Kunde bei der Zahlung anonym, denn auf der Geldkarte sind keine persönlichen Daten gespeichert. Um die Geldkarte auch im Internet benutzen zu können, benötigt Ihr Kunde für den Computer ein spezielles Lesegerät, das derzeit noch um die hundert Mark kostet. Der Händler auf der anderen Seite braucht eine Händlerkarte, die Gutschrift wird ihm in eine elektronische Geldbörse geladen.

Tipp **Zahlen per Handy: Die Paybox**

Warum nicht die 25 Millionen Handys in Deutschland als Zahlungsmittel einsetzen? Die Hamburger Firma Paybox präsentierte im Mai 2000 eine pfiffige Idee für sicheres Zahlen: Wer in einem Webshop zur Kasse gebeten wird, muss seine Mobilnummer eingeben. Eine Minute später ruft Paybox auf dem Handy an und wartet auf die Eingabe einer vierstelligen PIN, die Paybox kostenlos vergibt. Der zu zahlende Betrag – dieser kann derzeit zwischen 30 Pfennig und 2000 Mark liegen – wird dann im Lastschriftverfahren eingezogen, das die Deutsche Bank für Paybox abwickelt.

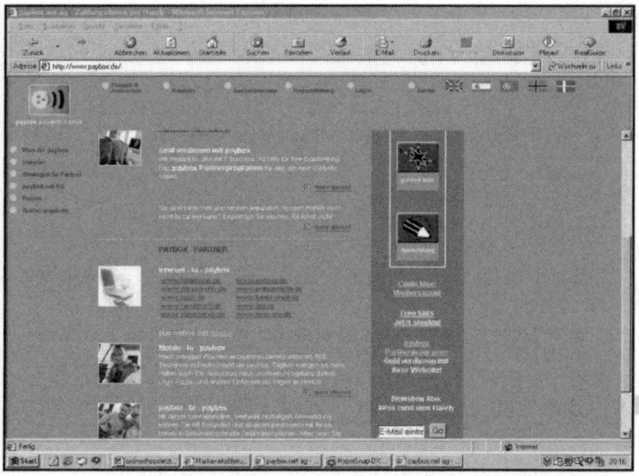

www.paybox.de

Vielleicht die pfiffigste, weil einfachste Idee, seit es das elektronische Bezahlen gibt: die Paybox.

Zahlen mit elektronischem Geld

Elektronisches Geld ist schon seit Internet-Urzeiten (etwa 1995) im Gespräch, aber bis heute noch wenig verbreitet. Dennoch gehen Marktforscher davon aus, dass sich die Zahlung mit virtuellen Münzen und Scheinen mit zunehmender Akzeptanz des Internets durchsetzen wird. Nicht zuletzt auch, weil immer mehr Angebote die Bezahlung mit immer kleineren Beträgen erfordern. Beispiel Content: Der Kauf von Inhalten darf oft nur Pfennig-Beträge kosten, Kreditkarten können da gar nicht zum Einsatz kommen. Welche Variante der zahlreichen Parallelentwicklungen sich durchsetzt, ist noch offen. Einige Ansätze, mit denen Shops bereits arbeiten, sind auf den folgenden Seiten beschrieben.

Wer sich für elektronische Zahlungsvarianten interessiert, sollte wissen, dass die Preismodelle stark variieren zwischen hohen monatlichen Gebühren und Gebühren per Buchung. Was günstiger ist, hängt vom geplanten Umsatz ab. Bei der Shopsoftware muss berücksichtigt werden, dass sie die Transaktion zu einer Clearingstelle (Überpüfungsstelle) unterstützt und auch das Ergebnis auswertet (Zahlung okay oder nicht okay).

eCash: Virtuelle Scheine von der Deutschen Bank

eCash ist die elektronische Variante zum Bargeld. »Geldscheine« werden mit einer Seriennummer versehen. eCash, eine Entwicklung der Firma Digicash, wird von Banken herausgegeben, zum Beispiel der Deutschen Bank 24. Derzeit kann eCash leider nur zwischen Instituten derselben Bank ausgetauscht werden. Weiterer Nachteil: Bislang unterstützt eCash nur produktbezogene Käufe und keine Warenkörbe. Dies widerspricht dem Vorteil dieser elektronischen Geld-Variante, als Bargeldersatz zu fungieren: Denn mit weniger Geld werden vor allem günstige Artikel, beispielsweise aus dem Drogeriemarkt, eingekauft. Diese erfordern aber einen Warenkorb, der es ermöglicht, mit mehreren Artikeln zur Kasse zu gehen. Um mit dem elektronischen Geld einkaufen zu können, muss Ihr Kunde zunächst Geld von seinem eigenen Konto abheben (oder abbuchen lassen) und es sich mithilfe einer Software auf seinen Rechner in seine digitale Geldbörse laden. Das Kundenkonto bei der Bank wird um den Wert der heruntergeladenen Münzen belastet.

WWW Wichtige Adressen

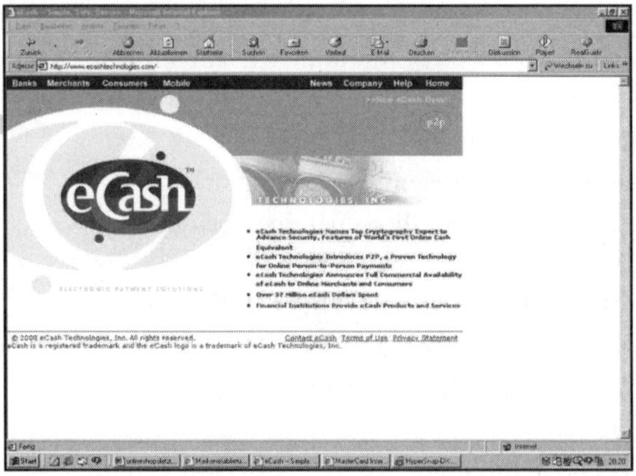

www.ecashtechnologies.com

Demonstration dieses Zahlungssystems. Weitere Adressen sind zum Beispiel *www.digicash.com*

CyberCash: Von CyberCoin zur elektronischen Lastschrift

CyberCash ist ein System der CyberCash GmbH, das sicheres und bequemes Bezahlen im Internet ermöglichen soll. Mit CyberCash arbeitet derzeit die Dresdner Bank, die auch Cybershops eingerichtet hat, in denen Kunden mit Cybercash bezahlen können, außerdem die Commerzbank und einige Sparkassen. CyberCash beinhaltet gleich mehrere Zahlungsverfahren, darunter CyberCoin, EDD (Electronic Direct Debit: elektronische Lastschrift) und Kreditkartenzahlungen auf Basis des so genannten CyberCash-C5-Protokolls. Allen gemein ist, dass Zahlungsanforderungen über das Gateway der CyberCash GmbH laufen, das die Richtigkeit aller Daten checkt. CyberCash fungiert damit als »Clearingstelle«.

CyberCoin soll vor allem bei kleinen Beträgen zum Einsatz kommen (ab 5 Pfennig) und ist deshalb ideal zum Bezahlen von Datei-Downloads, zum Beispiel bei Musik, Content (»Inhalt«) oder Online-Kursen. Um mit CyberCoin bezahlen zu können, muss der Kunde ein spezielles Verrechnungskonto eröffnen und eine »Geldbörse«, ein so genanntes Wallet, auf seinem Rechner installieren. Dies ist nichts anderes als eine Software, die dann die Transaktionen steuert. Dem Verrechnungskonto bei der Bank steht das Schattenkonto bei der CyberCoin GmbH gegenüber, über das die Internetzahlung abgewickelt wird. Daten des Kunden werden bei allen Transaktionen nicht bekannt.

EDD – (Electronic Direct Debit) ist die elektronische Variante des Lastschriftverfahrens. Auch hier sind eine Vereinbarung mit der Bank und die Einrichtung eines Wallet Voraussetzung.

Bei Kreditkartenzahlung überprüft CyberCash die Gültigkeit der Karte. Der Kreditkartenprozessor erteilt dem Händler eine Freigabe. Das Konto des Kunden wird erst belastet, nachdem der Händler bestätigt hat, dass die Ware ausgeliefert wurde.

WWW Wichtige Adressen

www.cybercash.de

Micropayments: Klingelgeld fürs Internet

Micropayments sind eine Zahlungsart, die Kleinstbeträge zulässt. Laut Prognose des Marktforschungsinstituts Data Monitor *(www.datamonitor.com)*

werden Micropayments in vier Jahren 12 Prozent aller Transaktionen in den USA ausmachen (Europa 8 Prozent). Hintergrund ist die zunehmende Bedeutung der Content- oder Musikangebote, für deren Nutzung der Anbieter nur wenig Geld verlangen kann.

Dabei gibt es unterschiedliche Micropayment-Varianten. Net900 ist eine Micropayment-Form der Telekom, die von der Firma In Medias Res entwickelt wurde – ausschließlich für das Bezahlen von Internet-Content. Die Software installiert im Webbrowser ein kleines Plug-In, das aktiv wird, sobald der Surfer im Internet ein Net900-Zahlungs-Icon klickt. Die Software baut dann die Internetverbindung ab und eine gesicherte Verbindung zu einem Telekom-Server auf, überträgt das angeforderte Dokument und baut danach erneut die normale Verbindung auf.

Mit dem System soll der Heinrich Bauer Verlag beim Versand der Bauanleitungen seiner Zeitschrift »Wohnidee« gute Erfahrungen gemacht haben. Billig ist diese Zahlungsart allerdings nicht: Vom 1-Mark-Tarif, mit dem die Telekom für die Übertragung der Bauanleitung die Telefonrechnung des Surfers belastete, erhielt der Verlag angeblich nur knapp 40 Pfennig!

Kapitel 3

Cleveres Shop-Marketing

Entwickeln Sie eine Marketingstrategie

Napoleon hatte eine Strategie, Cäsar auch. Strategien sind der Anfang von allem: Wer blind agiert, erobert keine Märkte.

Im ersten Teil haben Sie bereits erfahren, wie wichtig es ist, einen Business Plan zu haben. Diesen sollten Sie spätestens jetzt um einen speziellen Teil erweitern, in dem Sie Ihre Marketingstrategie festlegen. Selbstverständlich können Sie diese auch unabhängig vom Business Plan gestalten – nur für sich, aber keineswegs als Dokument für die Schublade, sondern als Gedächtnisstütze für alles, was Sie fortan tun. Als Erstes sollten Sie Ihre Ziele in der Kommunikation nach außen definieren. Was wollen Sie den Menschen sagen, wie möchten Sie selbst dastehen? Sie brauchen eine Unternehmensvision, auch für sich selbst!

Machen Sie Ihre Vision zur Mission

Formulieren Sie diese Vision auch als Mission, machen Sie diese aktiver und entwickeln Sie Ziele aus ihr heraus. Diese Ziele sollten sich in allen Ihren Maßnahmen, in Ihrem kompletten Auftritt, widerspiegeln. Und: Sie sollen unverwechselbar sein. Vielleicht sind Sie anfangs der einzige Anbieter eines Geschenke-Schnellservices, doch sehr wahrscheinlich sind Sie es nicht sehr lange. Kaum jemand aber wird Sie in Ihrem Ruf, einen Super-Service zu haben, eine garantierte 24-Stunden-Lieferung zu bieten und besonders liebevoll zu verpacken, einholen können, wenn Sie ein cleveres Marketing betreiben und Ihr Versprechen auch halten. Die einmal definierten Ziele sollten sich in Ihrer Werbung, in redaktionellen Beiträgen und bei der Präsenz im Internet zeigen. Die Präsenz im Internet meint dabei nicht nur die eigene Webseite, sondern auch den Auftritt in Suchmaschinen, auf Empfehlungs- und Geschenkeseiten (dazu lesen Sie in den folgenden Kapiteln mehr). Auch indem Sie sich über ein Sponsoring für einen Verein oder Service engagieren, zeigen Sie Präsenz. Das Internet bietet zahlreiche Möglichkeiten! Denken Sie bei der Wahl der Mittel vor allem an die Bedürfnisse des Kunden im Internet, mit dem Sie eine gute Beziehung aufbauen möchten. Service ist das A und O: Kommen Sie Ihrem Kunden entgegen, machen Sie ihm das unpersönliche Einkaufen im Internet so angenehm wie möglich, und erleichtern Sie ihm den Klick auf den »Bestellen«-Button durch konsequente, detaillierte Information. Und bieten Sie ihm etwas: kostenlose Information, Geschenke, Sonderaktionen.

Online-Marketing braucht keine großen Budgets

Die Marketingetats mancher Unternehmen im Bereich der New Economy belaufen sich auf bis zu 50 Prozent des Umsatzes, »normal« sind auch in der Old Economy etwa 10 Prozent. Diese Zahl verdeutlicht, wie wichtig Marketing für den Erfolg ist – und wie wichtig es Kapitalgeber und die Firmen selbst nehmen. Gerade dem Online-Marketing kommt hierbei eine immer wichtigere Rolle zu. Es ist extrem preisgünstig, und die besonders pfiffigen »kleinen« Ideen, mit denen Sie sich ins Gespräch bringen, kosten oftmals gar nichts oder nur sehr wenig.

Was sind Online-Marketingmaßnahmen?

Eine Maßnahme haben Sie bereits kennen gelernt: die Wahl des richtigen Domainnamens. Typische weitere Marketing-Schritte im Online-Bereich: die Anmeldung bei den Suchmaschinen und die Werbebannerschaltung. Darüber hinaus gibt es eine Fülle von effektiven Dingen, die Sie tun können, um Kunden zu gewinnen und diese an Sie zu binden. Beispiel: Kundenempfehlungen. Sie sind die beste Werbung, die Sie bekommen können. Das Internet bietet spezielle Seiten, auf denen Ihre Kunden sich über Ihren Service austauschen oder Ihre Meinung über Ihr Geschäft sagen können.

Strategisch wichtig: Ihre Corporate Identity

Den unverwechselbaren Schriftzug von Coca-Cola kennt jeder. Auch die Ameisen des Internet-Unternehmens Letsbuyit.com haben sich eingeprägt. Oder die roten Haare der D2-Models, die auf dunkelblauem Grund besonders schön wirken. Zentral für den Erfolg eines Unternehmens – auch für den Ihres Online-Shops – ist es, im Gesamtauftreten immer wieder erkennbar, unverwechselbar zu sein.

Bevor Sie irgendeinen Schritt unternehmen, um Ihr Unternehmen aufzubauen, spätestens aber während der Aufbauphase, sollten Sie sich über Ihr Auftreten – Ihre Authentizität – Gedanken machen, denn dieses ist Basis einer erfolgreichen Vermarktung. Authentizität meint das Übereinstimmen von Verhalten, Erscheinung und Kommunikation. Beginnen Sie mit einer möglichst exakten Zielgruppenanalyse, wenn finanziell machbar, durch eine von einem Institut gesteuerte Marktstudie. Alternativ können Sie auch bereits bestehende Studien einkaufen (siehe auch Kapitel»Die Wettbewerbsanalyse«, Seite 27).

Was ist Ihre Verkaufsstrategie?

Im zweiten Schritt folgt die Entwicklung einer psychologisch auf diese Zielgruppe zugeschnittenen, ausgeklügelten Verkaufsstrategie. Halten Sie bei jeder Maßnahme Ihre potenziellen Kunden im Blick und sprechen Sie diese möglichst spezifisch an. Beispiel: Sie möchten einen Weinshop eröffnen. Ist die Zielgruppe für Ihren Wein eher freakig und jung (und wahrscheinlich vor allem durch Preis und Image angezogen)? Oder eher gesetzt – ein Gourmet und Liebhaber guten Trinkens und Essens? Beide Gruppen müssen völlig unterschiedlich angesprochen werden. Selbst ein Gewinnspiel auf der einen müsste sich von einem Gewinnspiel auf der anderen Seite unterscheiden (hier eine Reise nach Ibiza, dort eine Reise in die Toskana).

Geben Sie Ihrem Produkt ein Gesicht

Parallel, auf jeden Fall aber vor der Gestaltung der Homepage, sollten Sie alle gestalterischen Elemente, die dem Produkt sein Gesicht verleihen, definieren. Nicht nur auf den Webseiten, auch auf Ihrer Visitenkarte und dem Briefpapier, auf Ihren Verpackungen und Werbungen muss Ihr Shop – und das ist Ihre Marke – als Absender erkennbar sein. Verkaufen Sie Ware – wie Wein –, spielt auch das Produktdesign, in diesem speziellen Fall das Etikett, eine große Rolle. So schaffen Sie für den Kunden einen Wiedererkennungswert.

Die Planung der Maßnahmen im Bereich der Corporate Identity betreffen

- das Design (Coporate Design),
- die Kommunikation (Corporate Communications) und
- das Verhalten (Corporate Behaviour).

Das Corporate Design umfasst alle visuellen und gestalterischen Aspekte des Erscheinungsbildes Ihres Shops. Es beinhaltet verschiedene Elemente wie Logo, Typographie, Shopfarben. Die Corporate Communications verbinden Werbung, PR (Public Relations), Sponsoring und Verkaufsförderung. Alle diese Maßnahmen sollten ein einheitliches Bild Ihres Shops transportieren und in Form und Inhalt einem Leitbild entsprechen. Das Corporate Behaviour beinhaltet das Verhalten und Agieren gegenüber der Öffentlichkeit, wie auch das interne Verhalten der Mitarbeiter untereinander (wenn Sie Mitarbeiter haben). Dabei sollten Sie sich zunächst folgende Fragen selbst beantworten, am besten schriftlich und mit möglichst vielen Adjektiven, die helfen, ein Bild von Ihrem Unternehmen zu zeichnen.

- Wie sehe ich mich?
- Wie werde ich von anderen gesehen?
- Wie würde ich mich gerne sehen?
- Wie will ich von den anderen gesehen werden?
- Wie würden die anderen mich gern sehen?

Halten Sie sich an Grundsätze. Nummer 1: Pflegen Sie Ihr Produkt!

Wer sein Auto gut pflegt, hat mehr davon, nicht nur, wenn er es später einmal verkauft. Gute Pflege kommt nicht von einmal waschen – sie will ständig wiederholt sein. Und neu überdacht. Das gilt vor allem für die Pflege Ihrer Produkte.

Ist meine Ware gut präsentiert? Optimal verpackt? Bestmöglich beworben? Sie sind der Manager Ihres Shops und die Marketingstrategie liegt in Ihren Händen. Eine Ihrer wesentlichen Aufgaben als Marketingstratege ist es, Ihr Produkt zu pflegen – ihren Shop mit all seinen Waren und Dienstleistungen auf Vordermann zu bringen. Und zwar immer wieder neu! Die Produktpflege umfasst einerseits den Shop selbst und meint das regelmäßige Aktualisieren von Homepage, Webseiten und Produktkatalog. Und andrerseits jedes Produkt für sich: Ist es optimal dargestellt, ist der Preis vom Markt akzeptiert, ist es Zeit für eine Sonderaktion oder einen Sonderpreis?

Teil der Produktpflege: Patente anmelden und Marken eintragen

Focus ist eine Zeitschrift, ein Auto und könnte demnächst vielleicht auch ein Schokoriegel sein. Manche Marken sind nur für bestimmte Warengruppen als Marke eingetragen.

Wer eine Marke im Internet etablieren will, sollte diese schützen. Das ist wichtig, um Nachmachern eine Hürde in den Weg zu stellen. Aber auch unter Marketing-Gesichtspunkten – es heißt nicht umsonst Marketing! – ist die Anmeldung einer Marke beim Deutschen Patent- und Markenamt zu empfehlen. Nichts ist werbewirksamer als ein ® hinter einem Namen. Oder hätten Sie MegaPerls ® oder den Intel Inside ® ohne gekauft?

Was aber ist eine Marke? Eine Marke kann vieles sein: der Name eines bestimmten Systems zum Durchsuchen von Online-Shop-Angeboten, eine spezielle Reinigungsformel oder eine ungewöhnliche Präsentationsform. Auch Produktnamen können Sie als Marke schützen. Jedenfalls wenn es sich um Ihr eigenes Produkt handelt, denn selbstverständlich können Sie keine Duplos und Kitekats mehr anmelden – es sind Marken eines anderen Herstellers.

In welcher Form lassen sich Marken schützen? Lassen wir die Webseite des Deutschen Marken- und Patentamtes (DPMA) sprechen:

»Das neue Markengesetz hat die Palette der möglichen Markenformen erheblich ausgeweitet. Neben den reinen Wort- oder Bildmarken bzw. ihrer Kombination können nunmehr auch dreidimensionale Formen, Hörmarken, Farben sowie Zahlen oder Buchstaben(gruppen) eingetragen werden.« Das heißt zum Beispiel auch, dass komplette Schriftzüge, ebenso wie Jingles (Hörmarke) schützbar sind.

Die Kosten für eine Markenanmeldung setzen sich aus der Anmeldegebühr und so genannten »Klassengebühren« zusammen. Diese besagen, für welche Produkt- und Dienstleistungsklassen (zum Beispiel Computer) der Schutz gelten soll. So reicht es, einen neuen Schokoriegel für die Lebensmittelklasse anzumelden, wenn Ihnen gleich ist, ob der Computerhändler um die Ecke seinen Bildschirm Duplo (oder eben so, wie Ihr Riegel heißt) nennt. Die Anmeldegebühr beinhaltet die Gebühr für drei Waren- oder Dienstleistungsklassen und beträgt derzeit 575 Mark.

Gebrauchsmuster und Patente

Verkaufen Sie regelrechte Erfindungen in Ihrem Shop, so lohnt es sich, ein Gebrauchsmuster oder Patent anzumelden. Der wesentliche Unterschied zwischen Gebrauchsmuster und Patent besteht in der Schutzdauer: Der Gebrauchsmusterschutz gilt 10, der Patentschutz 20 Jahre.

Preisauskunft von der Homepage des DPMA: »Die Anmeldegebühr für ein Patent beträgt 100,– DM, die Gebühr für die Prüfung 460,– DM und die Gebühr für die Erteilung des Patents 175,– DM. Die Jahresgebühren für die Aufrechterhaltung des Patents steigen von 115,– DM für das dritte Patentjahr bis auf 3.795,– DM für das zwanzigste Patentjahr.«

Wo kann ich Patente recherchieren? »In den Auslegehallen des DPMA in München und Berlin sowie in den Patentinformationszentren besteht für jedermann die Möglichkeit, Recherchen nach eingetragenen nationalen, europäischen und IR-Marken durchzuführen. Recherchen nach identischen Marken sowie komplexe Ähnlichkeitsrecherchen werden darüber hinaus auch von gewerblichen Informationsvermittlern bzw. Patentberichterstattern durchgeführt. Die Verzeichnisse der Patentinformationszentren und der Patentberichterstatter können auch telefonisch unter der Mailbox-Nummer (089) 2195-3520 bestellt werden.« (Homepage DPMA)

Auch Markenrecherchen müssen Sie selbst durchführen, so in den Patentinformationszentren (PIZ). Die Adresse des nächstgelegenen PIZ kann unter der Telefonnummer (089) 2195-2291 erfragt werden. Alternativ können Sie auch gewerbliche Hilfe in Anspruch nehmen. Eine Markenrecherche kostet ab 100 Mark.

WWW Wichtige Adressen

www.dpma.de: Deutsches Patent- und Markenamt
www.netis-rs.de: Recherche von Namen und Marken

Grundsatz 2: Pflegen Sie Ihre Kunden!

Der Kunde ist König, lautet eine uralte Geschäftsweisheit. In diesem Fall war die Old Economy gar nicht mal so dumm – obwohl sie, dem Wesen der industriellen Revolution entsprechend, alles zu standardisieren, selten nach dem Satz gehandelt hat.

Der Kunde ist das Wertvollste, was Sie haben. Er muss Ihnen vertrauen, Sie weiterempfehlen, wiederkommen. Deshalb sollten Sie nichts unterlassen, sein Vertrauen zu gewinnen und, vor allem, es zu behalten. Vergessen Sie nicht: »Alles, was Sie online tun, wirkt sich auf Ihre Glaubwürdigkeit aus«, schreiben die Autoren Jay Conrad Lewinson und Charles Rubin in ihrem Buch *Guerilla-Marketing im Internet* (midas, 1999). Gemachte Fehler lassen sich später kaum wieder ausbügeln – das Internet ist öffentlich und speichert jeden Ihrer Schritte in seinem Gedächtnis. Ein vier Jahre alter Artikel über den miesen Service in Ihrem Shop wird kaum zu eliminieren und jedem zugänglich sein. Ebenso einmal gemachte negative Bemerkungen in einer Newsgroup oder auf einer Empfehlungsseite.

Checkliste: So bauen Sie Vertrauen auf

ok Homepage

- Geben Sie detaillierte Auskunft zu den Produkten, Lieferbedingungen und -zeiten.
- Anleitungen und Beschreibungen machen dem Kunden die Orientierung leicht.
- Informieren Sie die Kunden detailliert über Zahlungsmodalitäten.
- Machen Sie kein Geheimnis aus Ihren Sicherheitsvorkehrungen.
- Bieten Sie überall die Möglichkeit zur Kontaktaufnahme und verschweigen Sie weder Ihre E-Mail-Adresse, noch Ihren Telefon- und Faxanschluss.

- Vorsicht mit Formularen zur Kontaktaufnahme. Viele Firmen setzen diese ein, um die Hemmschwelle, eine E-Mail zu schreiben, heraufzusetzen – schließlich ist es deutlich aufwendiger, ein Formular auszufüllen. Aber möchten Sie das wirklich? Es ist Ihr Kunde – für ihn sollten die Hemmschwellen so gering wie möglich sein, auch wenn es Sie vielleicht Bearbeitungszeit kostet.

ok Bearbeitung von Bestellungen

- Nach jeder Bestellung sollte dem Kunden eine automatische Bestätigung per E-Mail zugestellt werden, in der noch mal alle Lieferbedingungen aufgeführt sind. Vergessen Sie nicht, dem Kunden für seine Bestellung zu danken.
- Halten Sie sich akribisch an versprochene Lieferfristen. Informieren Sie den Kunden sofort per E-Mail, sollte eine Verzögerung eintreten.
- Achten Sie auf sorgfältige Verpackung. Das Produkt muss nicht nur wohlbehalten ankommen, sondern auch einen optisch guten Eindruck machen

ok Allgemeiner Service

- Beantworten Sie E-Mail-Anfragen innerhalb von 24 Stunden. Sollte Ihnen dies aus irgendeinem Grund nicht möglich sein, weisen Sie den Kunden darauf hin – vielleicht auf der Homepage, besser aber in einer personalisierten E-Mail.
- Bieten Sie immer eine Telefonnummer für Rückfragen an! Informieren Sie den Kunden, wann diese besetzt ist. Nichts ist abschreckender als ein Anrufbeantworter am anderen Ende der Leitung.

ok Abwicklung von Reklamationen

- Ihre innere Einstellung ist immer positiv, egal was kommt: Seien Sie nicht etwa beleidigt, wenn der Kunde mit Ihrem Gerät nicht zurechtkommt. Und halten Sie ihn bloß nicht für blöd. Vielleicht stimmt etwas mit der Bedienungsanleitung nicht, ist diese zu komplex, zu schwer verständlich, setzt zuviel voraus? Nehmen Sie jede Reklamation zum Anlass, etwas zu verbessern.

- Bleiben Sie in jeder Situation freundlich. Auch ein reklamierender Kunde ist ein potenzieller »Empfehler«. Wer sich auch durch eine zügige und unbürokratische Bearbeitung von Reklamationen von anderen abhebt, macht von sich reden.
- Bearbeiten Sie jede Reklamation umgehend und flexibel. Wenn der Wettbewerber vier Wochen Bearbeitungszeit braucht: prima. Sie können es sehr viel schneller.

TIPP **Tipp: Service bis ins Detail bieten!**

Auch kleine Gesten werden von Ihren Kunden registriert. Ein Beispiel für den Service im Detail: Sie können auf Wunsch Ihres Kunden Pakete und Päckchen über die Firma Pickpoint (*www.pickpoint.de*) auch in Videotheken oder Tankstellen in der Nähe von dessen Wohnung liefern lassen. Dort kann er sie bis spätabends abholen. Denn wer ist schon mittags um zwölf zu Hause, wenn der Postbote dreimal klingelt?

Mailbots für den Kundenservice: Automatisch kundenfreundlicher

E-Mail-Autoresponder, auch Mailbot oder Infobot genannt, beantworten eingehende Mails oder auch Formulare automatisch – 24 Stunden am Tag, sieben Tage die Woche, ohne dass Sie auch nur einen Finger rühren müssen. Solche automatischen Antwortprogramme können Sie nutzen,

- um sich für Bestellungen zu bedanken und nochmals auf Lieferzeiten hinzuweisen.
- automatisch angeforderte Dokumente zu verschicken, beispielsweise Kataloge oder Übersichten. Dies funktioniert ähnlich wie »Fax on Demand«.
- Anfragen erst einmal mit einer »Lächel-Mail« zu beantworten (»Vielen Dank für Ihre Anfrage. Unsere Servicemitarbeiter werden sich in den nächsten 24 Stunden mit Ihnen in Verbindung setzen«), bevor Sie sich persönlich darum kümmern.

Sprechen Sie mit Ihrem Provider, wie Sie Autoresponder einrichten können. Dafür sollten Sie eine spezielle E-Mail-Adresse einrichten, die unterschiedliche Antworten bzw. Dokumente verschicken kann, zum Beispiel *bestellung@mein-shop.de* oder *katalog@mein-shop.de*.

Ein sprechender Domainname wirbt für Sie

Ihre Homepage ist online, der Shop eröffnet. Nur die Käufer fehlen noch, denn Laufpublikum gibt es im Internet leider kaum. Ohne gezieltes Marketing verirren sich wenig Kunden auf Ihre Seiten, denn zufällig findet man Webseiten lediglich über den Domainnamen. Und dieser Zufall wird Ihnen nicht eben täglich begegnen. Es sei denn, Sie haben einen sehr sprechenden oder naheliegenden Namen für Ihren Shop gewählt, »Erleuchtet.de« wird einem exklusiven Lampengeschäft den einen oder anderen Kunden bringen, für noch mehr Zufallstreffer dürfte »exclusive-lampen.de« sorgen. »Buecher.de« ist natürlich ein noch besserer Name, auch »herrenausstatter.de« ist treffend. Die Wahl des richtigen Domainnamens war einmal die erste und wichtigste Maßnahme überhaupt. Da Domainnamen knapp sind und alle kurzen, prägnanten Namen längst vergriffen sind, verliert sie jedoch an Bedeutung. Die Domainknappheit trägt dazu bei, dass Fantasienamen auf der einen und längere Zusammensetzungen auf der anderen Seite zunehmen. Im Allgemeinen bedeutet es, einen größeren Vermarktungsaufwand zu betreiben, bis ein Fantasiename im Kopf des potenziellen Kunden verankert ist. Ob Ihr Name noch frei ist, erfahren Sie bei der Zentralen Vergabestelle, dem DENIC, *www.denic.de*. Grundlageninfos zu Domainnamen haben Sie bereits im ersten Teil des Buches erhalten.

Direktmarketing im Internet: Seite bei Suchmaschinen anmelden

Kennen Sie das? Sie recherchieren in den beliebten Suchmaschinen Altavista oder Fireball, und auf Ihre sehr konkrete Frage, beispielsweise nach einem auf Arbeitsrecht spezialisierten Rechtsanwalt in Frankfurt, bekommen Sie eine Liste mit 20 000 Seiten. Und wo ist der Anwalt in Frankfurt? Genau: auf Seite 1000 – wenn überhaupt. Mist Suchmaschine, schimpfen Sie, das hat mich jetzt aber Zeit gekostet. Dabei sollten Sie besser auf den Anwalt schimpfen. Seine Meta-Tags waren schlecht. Meta-Tags?

Sorgen Sie besser gleich für gute Trefferquoten. Denn je weiter Sie mit Ihrer Homepage in den Suchlisten vorne liegen, desto besser sind Ihre Chancen auf unerwarteten Besuch. Meta-Tags sind in den HTML-Code der Seite integrierte unsichtbare Befehle für die Suchmaschinen. Wie Meta-Tags aussehen, können Sie sich selbst ansehen, wenn Sie auf eine Homepage gehen, die rechte Maustaste gedrückt halten und »Quelltext« wählen. Mit Meta-Tags wird die Anmeldung bei den verschiedenen Suchdiensten des Internets zu einer regelrechten Kunst. Zentral sind vor allem der Meta-Tag »Description« und der Meta-Tag »Keywords«. Mit »Description« definieren Sie den Inhalt Ihre Seite, das, was Sie in Ihrem Shop den Kunden zu bieten haben. Was Sie in diesen »Tag« – das Wort steht für englisch »Befehl« – schreiben, erscheint im Beschreibungstext bei den einzelnen Suchservices. Die Beschreibung sollte neugierig machen, aussagekräftig sein und Ihren Shop möglichst prägnant darstellen. Empfohlen ist eine Länge von rund 200 Zeichen. Schreiben Sie mehr, besteht die Gefahr, dass die Suchmaschine den Satz abschneidet.

Definieren Sie die Schlüsselwörter!

Noch wichtiger als die Beschreibung, sind die Schlüsselwörter, der Tag »Keywords«. Er sollte alle Wörter und Begriffe enthalten, nach denen die Seite durchsucht werden könnte. Diese Begriffe sollten so gewählt sein, dass sie möglichst einzigartig sind und möglichst exakt auf das Suchverhalten des

Surfers eingehen. Wichtig ist es hierbei, alle denkbaren Schreibweisen und Varianten zu berücksichtigen. Prägnante Begriffe erhöhen die Wahrscheinlichkeit, gefunden zu werden. Versetzen Sie sich am besten in die Lage desjenigen, der nach Ihrem Angebot sucht, ohne von seiner Existenz zu ahnen. Welche Worte würden Sie wählen?

Die Anmeldung bei den wichtigsten Suchmaschinen nehmen Sie am besten einzeln vor. Sammelanmeldungen, wie sie an verschiedenen Stellen des Internets offeriert werden, kumulieren häufig Informationen und sind deshalb nur bedingt empfehlenswert.

www Wichtige Adressen: Die wichtigsten Suchmaschinen

www.fireball.de
www.altavista.de
www.google.de
www.yahoo.de
www.web.de
www.dino-online.de

Tipp Suchmaschinen-Marketing

Anmeldung wiederholen: Ihre Anmeldung müssen Sie, gerade in der ersten Zeit, alle zwei Wochen wiederholen, um sich bei den Suchmaschinen immer wieder ins (softwaregesteuerte) Gedächtnis zu bringen. Häufige Anmeldungen erhöhen für Sie auch die Chance, in den Trefferlisten weiter vorne zu landen.

Bei *www.metaposition.at* können Sie überprüfen, an welcher Stelle sich Ihre Seite in den wichtigsten Suchmaschinen befindet, wobei Sie nur erfahren, ob Sie unter den Top 30 der Suchergebnisse sind und wenn ja, an welcher Stelle. Dafür geben Sie die Adresse – also zum Beispiel *www.eichborn.de* – ein. Sie können die Ergebnisse verschiedener Suchabfragen testen. Findet man Sie unter Verlag oder auch unter dem Stichwort Buchhändler?

Die E-Commerce-Software *sevenvalhit* der Kölner Sevenval AG *(www.sevenval.de)* besitzt unter anderem ein integriertes Tool, mit denen sich die Webseite für Suchmaschinen optimieren und eintragen lässt.

Ein Beispiel für effektive Meta-Tags

Folgende Meta-Tags sind erfunden. Legen Sie besonders viel Wert auf die Schlüsselwörter: Sie sollten alle möglichen Schreibweisen, Singular und Plural sowie eventuelle Koppelungen berücksichtigen. Die Liste der Schlüsselwörter könnte erheblich länger sein.

```
<HTML>
<HEAD>
<TITLE>Super-Wissen. Die Site, die alles weiß.</TITLE>
<LINK REV=MADE HREF="mailto:webmaster@super-wissen.de">
<META NAME="publisher" CONTENT="Super-Wissen AG">
<META NAME="copyright" CONTENT="Super-Wissen AG">
<META NAME="keywords" CONTENT="Wissen Know-how Information
        Allgemeinbildung Bildung Fragen Antworten Hilfe Lexikon Ratgeber
        kompetent Experte Experten Expertenchats Wissensgebiete Erdkunde
        Geografie Geographie Geschichte Historie Biologie Mensch Anatomie
        Gesundheit">
<META NAME="description" CONTENT="Super-Wissen hilft in allen Fragen
        der Allgemeinbildung">
<META NAME="page-topic" CONTENT="Bildung, Gesellschaft, Kultur,
        Medien,">
<META NAME="audience" CONTENT="Alle">
<META NAME="robots" CONTENT="INDEX,FOLLOW">
<META NAME="Content-Language" CONTENT="de">
```

Auf Shops spezialisierte Suchmaschinen

Neben den allgemeinen Suchmaschinen gibt es auch solche, die sich auf bestimmte Bereiche wie auf das Einkaufen im Internet spezialisiert haben. Eine der wichtigsten Ausgangsplattformen ist Shop.de. Shop.de nennt sich Such- und Findmaschine: Der Kunde muss nicht lange suchen, sondern findet schnell das gewünschte Produkt. Dabei kann er nicht nur nach Kategorien, sondern auch nach Zahlungsart und Produkt suchen.

Händlern im Internet bietet diese Suchmaschine eine gute Möglichkeit, Ihren Shop und das Produkt bekannt zu machen. Meta-Tags spielen hier keine Rolle, da Einträge von Hand vorgenommen werden. Auch die Kunden können Ihren Laden bewerten.

Mit weniger Shops, aber deutlich übersichtlicher präsentiert sich die Suchmaschine *www.wowowo.de*. Was die einzelnen Shops bieten, wird anhand einer Leiste mit Symbolen dargestellt. Mit einem Blick lässt sich so erfassen, ob ein Shop einen SSL-Server, Kreditkartenzahlung oder Warenkörbe bietet. Auch alle anderen Zahlungsmöglichkeiten sind aufgeführt, ebenso eventuelle 24-Stunden-Lieferung bei Bringdiensten und besondere Schnäppchen. Alle Shops bekommen Sterne zur Bewertung. Ähnlich ist auch das Konzept von *www.shoppingnetz.de*, die auch ein News-Magazin und einen Newsletter betreiben, in den sich Shops präsentieren können.

WWW Wichtige Adressen: Shop-Suchmaschinen

www.shop.de

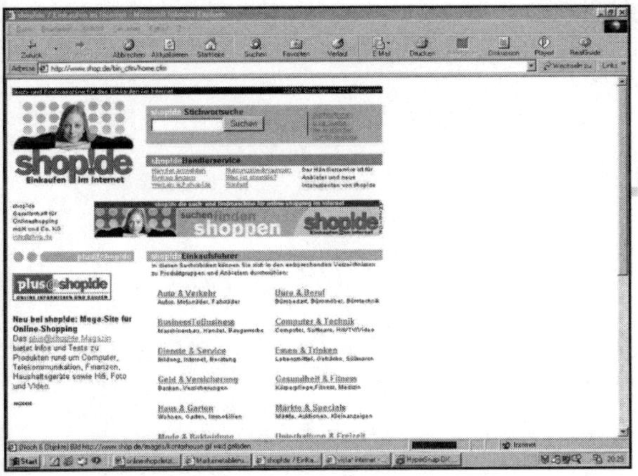

Eine Suchmaschine nur für Shops ist Shop!de

www.shop!de

www.wowowo.de

Wowowo zeigt, wo sich gute Shops befinden – und beschreibt diese sehr detailliert.

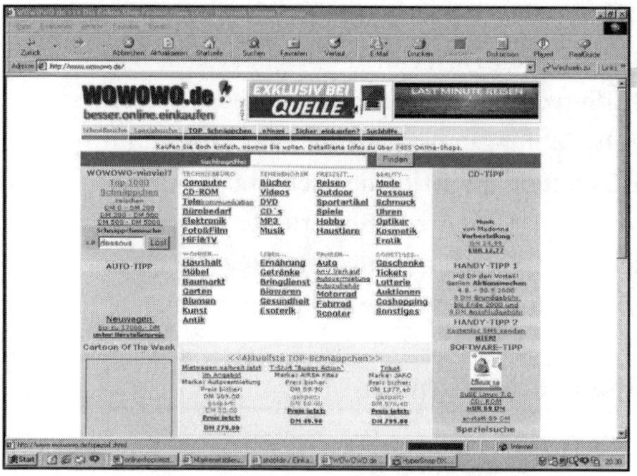

Weitere Suchmaschinen für Shops:

www.miko.de

www.shopfinder.de

www.shoppingnetz.de

www.mode-net.de

Direktmarketing mit Werbe-E-Mails: Ohne Umweg zum Erfolg

Wenn Ex-Lottofee Karin Tietze-Ludwig in einem persönlichen Brief zur Lotto-Teilnahme auffordert, so hinterlässt das sicher seine Wirkung. Vor allem, wenn Sie persönlich angesprochen werden.

Ein wesentliches Instrument des Direktmarketings sind Werbebriefe (Mailings), die Sie auch per E-Mail über das Internet versenden können.

Mit E-Mail-Werbebriefen lassen sich Kunden wesentlich gezielter ansprechen als mit Bannern oder Anzeigen. Zudem lässt sich der Erfolg eines Mailings leichter protokollieren, denn oft sind Response-Elemente eingebaut. Fordert der Kunde das Probeset oder die versprochenen weiteren Informationen an? Der Textaufaufbau ist hier entscheidend. Überlegen Sie, welche Art von Werbebriefen Sie ungeöffnet in den Papierkorb senden: Es sind die aufdringlichen, unseriös wirkenden.

Ein Werbebrief sollte eine leicht verständliche Botschaft enthalten, die Interesse weckt und den Impuls auslöst, weitere E-Mails oder Werbematerial anzufordern (Response). Auch Gewinnspiele lassen sich gut mit einem Mailing verknüpfen.

Online-Mailings sollten Sie niemals blind verschicken, sondern nur bereits registrierten Kunden oder einem bei einer Agentur gekauften, zielgruppenspezifischen Adressenstamm zuschicken. Verzichten Sie unbedingt auf Massenmails, diese fallen unter die Kategorie »Spamming« und sind im Internet verpönt. Spamming bedeutet das Drauflosschicken von E-Mails an irgendwelche Adressen oder sogar an alle Mitglieder eines bestimmten Online-Dienstes, ohne Nennung konkreter Ansprechpartner. E-Mail-Postfächer werden damit zugemüllt, kein Empfänger freut sich darüber. Ganz wichtig ist deshalb auch die Personalisierung der E-Mail, der Empfänger sollte direkt angesprochen werden.

Marketing mit Newslettern und Mailinglisten

Finden Sie die bunten Blättchen von Supermarkt und Möbelhäusern, die Ihren Briefkasten ersticken, etwa erbauend? Lesen Sie sie (außer in Zeiten wirklicher Langeweile)? Nein, auch wenn sie sich Newsletter nennen, wahrscheinlich nicht.

Ein Newsletter ist auch im Internet keine Werbepost. Zwar können Sie die Besucher Ihrer Homepage auch über neue Services, Produkte oder Sonderaktionen und -preise informieren, doch sollte dies auf keinen Fall im Zentrum stehen, wenn Ihnen der Kunde wichtig ist (was ich voraussetze). Bedenken Sie: Die Anmeldung muss absolut freiwillig geschehen, Ihr (künftiger) Kunde muss Ihnen seine persönlichen Daten anvertrauen wollen. Das macht er in der Regel nicht, wenn er dafür mit reißerischen Werbe-E-Mails bombardiert wird.

Erfolg versprechender sind deshalb all diejenigen Newsletter, die sich an den Sinn des Wortes halten und »News« bieten. Je spezialisierter und einzigartiger die Information, die Sie monatlich, vierzehntäglich oder gar wöchentlich bieten können, desto mehr Abonnenten werden sie gewinnen, die sie auf diese Weise indirekt und dezent auf Ihr Produkt oder Ihre Dienstleistung hinweisen können – aber bitte nicht mit der Holzhammermethode »jetzt 50 % günstiger«.

Was ist eine Mailingliste?

Newsletter fallen unter den Oberbegriff »Mailingliste«: Der Kunde trägt sich in die Liste derjenigen ein, die regelmäßig Informationen zu einem bestimmten Thema erhalten wollen. Dies funktioniert ähnlich wie eine Serien-E-Mail, nur viel komfortabler, denn die Interessenten schreiben sich über die Homepage selbst mit Ihrer E-Mail-Adresse ein. Verschicken Sie Ihren Newsletter als Mailingliste, brauchen Sie nach Zusammenstellen des Textes lediglich auf einen Button zu klicken. Der Empfänger sieht, anders als in einer Serienbrief-E-Mail – die ebenfalls als Newsletter fungieren kann –, nicht, an wen die Mail sonst noch geht.

Für die interaktive Variante eines Newsletters ist der Begriff Mailingliste gebräuchlicher. Die Mailingliste ist auf Meinungsaustausch ausgelegt und funktioniert ähnlich wie ein Forum – nur eben per E-Mail. Mitglieder (Abonnenten der Liste) können sich selbst zu Wort melden und alle anderen Abonnenten damit erreichen. Eine solche interaktive Mailingliste bietet sich an, wenn Sie sich auf Ihrer Website mit einem Thema beschäftigen, dass durch die Kommentare der Mitglieder belebt und interessant wird. Immer wenn ein neuer Beitrag entsteht, wird dieser an alle Mitglieder der Liste verschickt. Dies kann ganz nach Wunsch ohne oder mit Kontrolle eines Moderators passieren. Letzteres ist natürlich mit erheblichem Aufwand für Sie verbunden, denn um Diskussionen am Leben zu halten, müssen Sie ständig aktiv sein.

Serienmails: Verteiler mit eigenem Mailprogramm erstellen

Über Ihr Mailprogramm können Sie auch selbst Serien-E-Mails erstellen. Dies kann ein Newsletter sein, aber auch eine Kunden- oder Presseinformation. Installieren Sie dafür eine gesonderte E-Mail-Adresse bei Ihrem Provider (nachfragen!), beispielsweise *presse@mein-shop.de* oder *kunde@mein-shop.de*. Diese Adresse schreiben Sie in das Empfängerfeld. Alle weiteren Mail-Adressen setzen Sie in das BCC-Feld (Blind Carbon Copy: Blindkopie). Hier bleiben sie unsichtbar. Darüber hinaus wirkt es unprofessionell, wenn der Empfänger einer Mail seine Mitempfänger durch jede Mail kennen lernt. Nicht zuletzt »verschenken« Sie dadurch einen mühsam aufgebauten Verteiler.

Auch mit dem Programm Outlook Express, das mit dem Internet Explorer, einem der verbreitetsten Browser (einem Programm zum Betrachten von Webseiten), installiert wird, können Sie einen Verteiler erstellen. Und so geht's:

- Starten Sie Outlook Express, wählen Sie »Adressen«.
- Es öffnet sich das Adressbuch.
- Klicken Sie auf »Neu« und wählen Sie »Gruppe«.
- Definieren Sie den Namen der gewünschten Gruppe, zum Beispiel *kunde@meinshop.de*
- Fügen Sie alle Namen und E-Mail-Adressen ein, die diesen Verteiler bilden sollen.

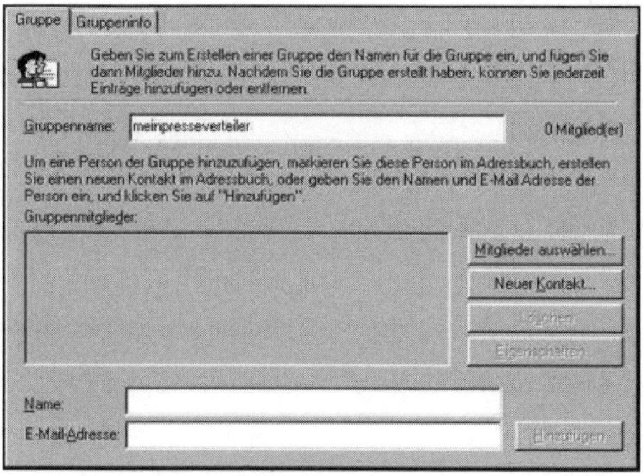

Outlook Express

Das Programm Outlook Express (*www.microsoft.de*) ermöglicht es Ihnen, eigene Verteiler zu erstellen.

Spezielle Software zum Erstellen von E-Mail-Verteilern

Profis werden die handgestrickte Outlook-Lösung vielleicht belächeln. Es geht auch ohne »BCC«: mit einer speziellen Software. Die wohl beliebteste ist »Mailking«. Mit diesem Programm können Sie Ihren Ansprechpartner personalisieren. Statt an »Sehr geehrte Damen und Herren« schreiben Sie an Herrn Meier persönlich. Über den Empängernamen hinaus können noch weitere Daten personalisiert werden, etwa Umsatzzahlen.

Das Programm liest direkt die Mail-Adressbücher von Outlook oder Eudora Mail ein (ein weiteres, sehr verbreitetes Mailprogramm). Auf diese Weise müssen Sie Ihre einmal gesammelten Adressen nicht neu tippen. Mailking kostet rund 580 Mark und kann unter anderem bei *www.softline.de* bestellt werden.

Die wichtigsten Funktionen von Mailking:

- Versand mit angehängten Dateien möglich (ideal für die Pressearbeit, siehe folgendes Kapitel!).
- Datenbankfelder zur Steuerung der Termine, zu denen Mailings / Newsletter versandt werden sollen.
- Kann Dateien von Eudora, MS Outlook, ACT! oder Goldmine lesen oder aber auch MS Access oder Excel-Dateien öffnen.
- Kann Nachrichten unmittelbar oder zu einem späteren Zeitpunkt versenden.
- Vorausplanen regelmäßiger Sendungen.
- Überprüft E-Mail-Adressen auf ihre Plausbilität und listet die möglicherweise falschen Adressen zur weiteren Überprüfung auf.
- Unterstützt MS Office 2000.
- Unterstützt HTML (formatierte Mails).

Ist Ihre Firma ein richtiges Unternehmen und die Datenstruktur Ihrer Kunden kompliziert, ist auch diese Lösung »zu klein«. Dann benötigen Sie einen eigenen Listserver, einen Server, der die Adressen inklusive umfassender Datensätze verwaltet und auch unzustellbare Mails bearbeitet. Ein Listserver ermöglicht ebenso, dass sich Interessenten Ihres Newsletters über die Homepage eintragen wie eine automatische Abbestellung. Bei der Installation sollten Sie sich von Ihrer E-Commerce-Agentur oder dem Provider beraten lassen.

Selbst in Newslettern werben

Sie möchten den Aufwand, einen eigenen Newsletter zu pflegen, lieber nicht betreiben? Dann nutzen Sie zumindest doch die Möglichkeit, in anderen Newslettern kostengünstig für Ihr Angebot zu werben (am besten aber machen Sie beides!). Newsletter-Werbung hat den Vorteil, dass Sie lediglich eine Textanzeige benötigen und nicht erst eine aufwendige Kampagne gestalten lassen müssen, denn Newsletter sind immer rein textorientiert. Die Werbeflächen in fremden Newslettern können Sie selbstverständlich auch zusätzlich zur eigenen Mailingliste nutzen!

So finden Sie den passenden Newsletter:

Zunächst sollten Sie sich die Angebote im Web anschauen, die Ihre Zielgruppe, Ihre potenziellen Käufer, anlocken könnten. Gibt es auf diesen Seiten eine Mailingliste? Dann setzen Sie sich mit dem Anbieter in Verbindung und fragen Sie nach den Kosten für ein Textinserat, das auf Ihre Homepage verlinkt.

Tipp **Service Letterclip**

Mit dem Service »Letterclip« des deutschen Dienstes Amtecc (*www.amtecc.de*) können Sie Ihre (Text-) Werbung an die Abonnenten verschiedener Newsletter und Mailinglisten verteilen. Dies ist extrem preisgünstig: 5000 Empfänger kosteten bei Redaktionsschluss, zum Beispiel nur 50 Mark. Da die Newsletter nicht thematisch ausgewählt werden können, entsteht jedoch ein hoher Streuverlust. Sie wissen nicht, in welchem Newsletter Ihre Werbung erscheint, können Ihre Werbung aber für erotische Angebote und den eigenen Newsletter sperren lassen, sollte dieser bereits bei Amtecc eingerichtet sein. Solche Sammel-Services für Werbeeinträge bieten sich deshalb nur an, wenn Sie ein unspezifisches Angebot haben, etwa wenn Sie Wein verkaufen.

www.amtecc.de

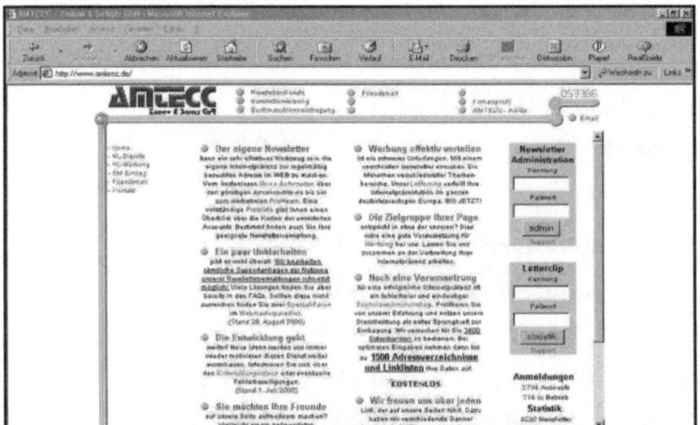

Mit dem Letterclip bringen Sie Ihre Textwerbung kostengünstig in verschiedenen Newslettern unter.

www.amtecc.de

Tipp: Marketing-Newsletter für Ihre eigene Information

Was ist neu im Internet? Welche neuen Marketing-Erkenntnisse gibt es? Wenn Sie immer auf dem neuesten Stand sein möchten, empfiehlt es sich, dass Sie selbst einen Newsletter zum Thema Marketing und Online-Marketing abonnieren. Das sind die bekanntesten:

www.imafdi.de

www.klaus-arnhold.de: Networker's digest

Newsletter selbst einrichten

Eine kostenlose Mailingliste können Sie sich unter *www.listbot.com*, einem englischsprachigen Service von Microsoft, sehr einfach selbst einrichten. Aber: Die Mails an Ihre Kunden sind mit Werbung versehen, die vielleicht irritiert. Wünschen Sie eine werbefreie Mailingliste, empfiehlt es sich, die Variante Listbot Gold einzusetzen, die bei Redaktionsschluss 99 US-Dollar pro Jahr kostete.

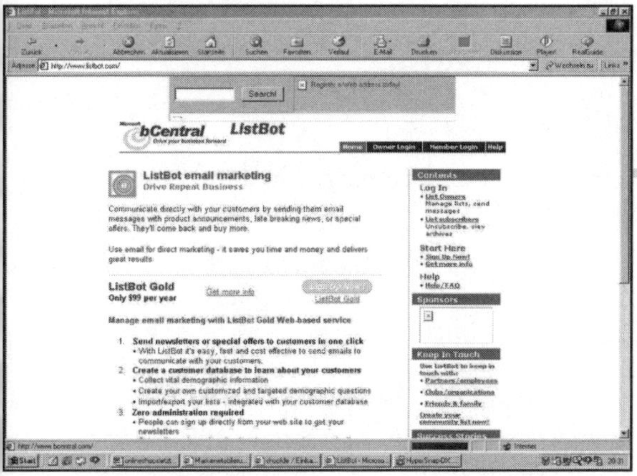

www.listbot.com

Listbot liefert Ihnen fertige Mailinglisten kostenfrei – wenn Sie Werbung akzeptieren.

Schritt für Schritt:

- Wechseln Sie auf die Seite *www.listbot.com*.
- Wählen Sie hier »Free Listbot«.
- Füllen Sie das nun erscheinende Formular mit den gewünschten Daten aus.

- Geben Sie Ihrer Liste dabei einen möglichst aussagekräftigen Namen.
- Welche demographische Fragen soll der Abonnent Ihrer Liste beantworten? Bedenken Sie dabei: Je mehr der Interessent von sich preisgeben muss, desto geringer wird seine Lust sein, die Liste zu abonnieren. Beschränken Sie sich auf die wirklich notwendigen Daten. Das sind, sollten Sie die Daten nicht statistisch auswerten wollen, meistens nur E-Mail-Adresse, Name und eventuell Telefon.
- Nach dem Abschicken des Formulars erhalten Sie eine E-Mail mit Ihren Daten und Passwort. Drucken Sie sich diese aus und legen Sie diese zu Ihren Unterlagen.
- Sie erhalten außerdem einen HTML-Code, der auf den ersten Blick vielleicht etwas erschreckend kompliziert aussieht, sich aber letztendlich ganz einfach in Ihre Homepage einbinden lässt. Kopieren Sie diesen Code mit der Tastenkombination Copy und Paste (Strg + C) und fügen Sie ihn mit Strg + V an die gewünschte Stelle Ihrer Homepage ein.

Der Code, den Sie bei Listbot bekommen, sieht folgendermaßen aus (machen Sie sich nicht die Mühe, ihn zu verstehen!):

```
<!— Begin ListBot Code —>
<form method="post" action="http://www.listbot.com/cgi-bin/subscriber">
<table border=0><tr><td colspan=2>
Join our mailing list!<br>
Enter your e-Mail address below,<br>
then click the 'Join List' button:<br>
</td></tr><tr><td>
<input type=text name="e_mail">
<input type=hidden name="list_id" value="jobnews">
<input type=hidden name="Act" value="subscribe_list">
</td><td>
<input type=image src="http://www.listbot.com/subscribe_button.gif" bor-
        der=0 width=88 height=31 alt="Click here to join our mailing list!">
</td></tr><tr><td colspan=2>
```

```
<font size=1 face="arial"><a href="http://www.listbot.com/"
          target="_top">Powered by ListBot</a></font><br>
</td></tr></table>
</form>
<!— End ListBot Code —>
```

Sichtbar wird auf Ihrer Homepage folgende Information sein:

Formularbeginn
Join our mailing list!
Enter your e-Mail address below,
then click the 'Join List' button:

CONTROL DefaultOcxName
CONTROL DefaultOcxName
CONTROL DefaultOcxName
CONTROL DefaultOcxName
INCLUDEPICTURE "http://www.listbot.com/subscribe_button.gif" * MERGE-
FORMATINET
HYPERLINK "http://www.listbot.com/" \t "_top"
Powered by ListBot
Formularende

Besser wäre es auf Deutsch? Kein Problem: Ändern Sie den vorgegebenen Text

```
Join our mailing list!<br>
Enter your e-Mail address below,<br>
then click the 'Join List' button:<br>
```

einfach folgendermaßen:

```
Abonnieren Sie unseren Newsletter!<br>
Tragen Sie hier Ihre E-Mail-Adresse ein,<br>
dann klicken Sie auf den "Join"-Button<br>
```

Möchten Sie nun eine Mail an die Abonnenten Ihrer Liste senden, gehen Sie über die Seite

HYPERLINK "http://www.listbot.com"
www.listbot.com

ins Kunden-Service-Center und wählen unter »Message Management« den Punkt »Send a Message«.

WWW Weitere Mailinglisten und Newsletter

www.coollist.com (kostenlos, englischsprachig)
www.amtecc.de (Einsteigerversion kostenlos, deutsch, verschiedene Upgrades, deutsch)
www.mailbot.de

Tipp Newsletter bekannt machen

Haben Sie Ihren Newsletter installiert, so sollten Sie ihn im nächsten Schritt im Internet bekannt machen. Eine sehr gute Möglichkeit ist der Eintrag im Verzeichnis deutschsprachiger Mailinglisten und Newsletter unter *www.infoletter.de*.

PR: So wird die Presse auf Sie aufmerksam

Schlagersänger Jürgen Drews weiß die Boulevardpresse als Popularitätshebel zu nutzen: Offen kommuniziert er jede Kleinigkeit aus seinem Privatleben. Caroline von Monaco und ihr Prinzen-Ehemann wollen lieber gar nichts preisgeben. Statt dessen hetzen sie schlagkräftig gegen die Schreiber der Yellow Press – und diese gegen sie.

Sie als Internet-Startup sollten es eher machen wie Jürgen Drews. In einem anderen Bereich und mit ganz anderen Mitteln, versteht sich. Es sollte Sie mit Ihrem Unternehmen in den anspruchvolleren Teil des Blätterwaldes drängen.

Dies gelingt selten mit einer einfachen, vom Geschäftsführer verfassten Pressemitteilung. Zum Teil liegt es an fehlenden (guten) Kontakten, die oft nur ein PR-Profi im Laufe von Jahren aufbauen kann. Zum Teil aber auch daran, dass die Pressemeldung journalistischen Ansprüchen nicht genügt.

PR wird oft als kostenlose Werbung missverstanden. Und Meldungen werden zu Werbeblättern voller Worthülsen, Imperativen und Adjektiven aufgebläht. »Die sollen sich doch freuen, wenn sie nur noch abschreiben müssen!« hört man häufig. Irrtum: In den meisten Fällen freut sich der Redakteur nicht. Vielleicht ärgert er sich sogar über den unprofessionellen Text, der sich nämlich so gar nicht abschreiben lässt, geschweige denn, dass er einen Neuigkeitswert hat. Sehr wahrscheinlich befördert er die Meldung in den virtuellen oder real existierenden Papierkorb.

Und Sie sind entsprechend enttäuscht, wenn bei einer Aussendung an 100 Redaktionen nur eine Veröffentlichung folgt. Womöglich auch noch drastisch gekürzt!

Pressearbeit ist zwar preiswert, aber es handelt sich dabei nicht um kostengünstige Werbung. PR will gelernt sein. Wenn Sie es sich leisten können, empfiehlt es sich immer, einen freien PR-Fachmann oder eine PR-Agentur zu engagieren. Entscheiden Sie sich für einen Spezialisten auf diesem Gebiet. Finger weg von Werbeagenturen, die nebenbei PR machen: Niemand kann Profi auf allen Gebieten sein! Als Inhaber eines Internet-Shops sollten Sie außerdem Wert auf nachweisbare Kenntnisse im Bereich Internet und Online-PR legen. Eine Agentur, die Meldungen immer noch auf herkömmlichem Weg per Fax oder Post verschickt und nicht einmal weiß, wie man einen E-Mail-Verteiler anlegt, ist für Sie als Online-Shop-Betreiber eine schlechte Wahl. Lassen Sie sich Referenzen zeigen, sprechen Sie vielleicht selbst mit Journalisten aus Ihrem Bekanntenkreis darüber, welchen Ruf Ihre Wunschagentur hat. Alternativ können Sie auch einen PR-Profi anstellen, doch wird sich das nur für ab einer gewissen Unternehmensgröße für Sie rentieren.

14 Tipps für die erfolgreiche Pressemitteilung

Haben Sie (erst einmal) kein Geld, um Agenturleistungen einzukaufen? Dann hilft Ihnen folgende Schritt-für-Schritt-Anleitung, selber mit PR zum Erfolg zu kommen:

1. Welche Zeitschriften und Zeitungen liest Ihre Zielgruppe? Erstellen Sie einen Verteiler. Sehr hilfreich ist der »Zimpel«, ein auch online verfüg- und nutzbarer Adressenpool, in dem Sie sämtliche Redaktionen, die Namen der dort sitzenden Ansprechpartner, Auflagenzahl und Zielgruppendefinition finden (*www.zimpel.de*).
2. Eine reine Produktmeldung lohnt sich nur, wenn Ihr Produkt einmalig ist – oder von ihnen so verkauft wird. Fehlt die Einmaligkeit noch: Finden Sie spätestens jetzt den Aspekt, der Ihr Produkt einmalig macht. Erfolgreich waren Erfindungen wie Mega-Perls, auch LC1-Joghurts kamen beim Verbraucher an. Aber Vorsicht: PR ist keine Werbung. Das Herausstellen solcher USPs (Unique Selling Proposition = Alleinstellungsmerkmal) nutzt nur, wenn sie wirklich Nachrichtenwert haben (und die haben Waschkügelchen nur, wenn es bisher lediglich Pulver gab!). Sprüche klopfen bringt dagegen nichts.
3. Erfolg versprechend ist auch der Einstieg über eine bemerkenswerte Randerscheinung, beispielsweise ein Gewinnspiel auf Ihrer Homepage. Anlass für eine Meldung kann auch die Sponsoren-

schaft einer prominenten Organisation / Firma / Person sein. Überlegen Sie einfach, was die Leser einer Zeitschrift interessieren könnte, was für ihn Nutzwert bietet.

4. Verzichten Sie auf werblichen Schnickschnack und kommen Sie direkt auf den Punkt. Wenn Sie nicht gerade Jahre als Fulltime-Schreiber hinter sich haben, bleiben Sie besser so klar und einfach wie möglich, ehe Sie sich in der Welt des Textens austoben, ohne diese wirklich zu beherrschen.
5. Pressemitteilungen sollten nicht länger als eine Seite sein, maximal zwei Seiten Text umfassen.
6. Zum Abschluss der Meldung sollten Sie drei bis fünf kurze Sätze zu Ihrem Unternehmen und vielleicht auch zu Ihrer Person formulieren.
7. In die Fußzeile gehört der Hinweis auf einen Ansprechpartner, Ihre Adresse, Telefon, Fax und E-Mail.
8. Verschicken Sie die Meldung per Internet? Dann bitte ein gängiges Format wählen: *.doc und *.rtf (unter Microsoft Word abspeicherbar) können auf den meisten System gelesen werden, auch Links auf Webseiten sind in Ordnung. Hüten Sie sich aber davor, Texte direkt in der E-Mail zu formatieren. Auch, wenn Programme wie Outlook nette Hintergründe von der Blümchenwiese bis zum Glencheck-Karo bieten: Für Pressemitteilungen sind solche Spielereien absolut tabu. Maximal »fett« und »unterstrichen« sind erlaubt – besser aber ist Nur-Text ohne Formatierung, den Sie dann auch im Nur-Text-Format (Einstellung im E-Mail-Programm) versenden.
9. Nutzen Sie ein professionelles Programm zur Erstellung von Newslettern, etwa das im Kapitel »Spezielle Software zum Erstellen von E-Mail-Verteilern« beschriebene Mailking. Möchten Sie erst mal nicht in eine Software investieren: E-Mail-Adressen mindestens in das Feld »BCC« (Blind Carbon Copy = Blindkopie) setzen!
10. Ob das Hinterhertelefonieren, das sich viele Agenturen zur Sitte machen, wirklich Sinn macht, ist umstritten. Tatsache ist, dass ein guter Kontakt zur Redaktion natürlich automatisch einen höheren Aufmerksamkeitswert erzeugt, Tatsache ist aber auch, dass Nerverei die glattweg gegenteilige Reaktion erzeugen kann.

11. Ein gutes, professionelles Foto wertet eine Aussendung auf. Verschicken Sie eine Meldung nur per E-Mail, weisen Sie darauf hin, dass auf Nachfrage Fotos erhältlich sind. Oder hinterlegen Sie diese direkt im Pressebereich Ihrer Homepage. Denken Sie aber daran, dass Zeitungen und Zeitschriften professionelle Fotos brauchen. Bei der Auflösung sind 300 dpi (dots per inch = Bildpunkte) Minimum – darunter kann ein Foto nicht für den Druck verwendet werden.
12. Nicht alle Redakteure lieben E-Mail-Pressemitteilungen – immerhin müssen diese erst geöffnet und vielleicht auch ausgedruckt werden (der Mensch liest eben immer noch lieber auf Papier). Bevor Sie einen Verteiler erstellen, sollten Sie deshalb in der Redaktion nachfragen, in welcher Form Pressemeldungen am liebsten gesehen werden: als E-Mail oder Fax.
13. Der Text einer E-Mail-Pressemeldung sollte nie länger als anderthalb Bildschirmseiten sein. Schreiben Sie ihn direkt in die Mail und senden Sie keine Dateianhänge wie zum Beispiel Word-Dokumente. Dies wäre ein Klick zu viel vom Redakteur verlangt (den auf das Attachment, den Anhang). Außerdem verfügt längst nicht jede Redaktion über das Programm Word.
14. Nutzen Sie die Möglichkeit, Hyperlinks (Verknüpfungen zu Internetseiten) einzusetzen, zum Beispiel um auf die Langversion eines Pressetextes hinzuweisen.

Tipp **PR-Randale vermeiden**

Einige PR-Agenturen nerven Redaktionen mit Pressemitteilungen, die sie an jeden verschicken, dessen E-Mail sie ausfindig machen. Zum Erfolg wird dieses »Spamming« – das wahllose Verschicken von Mails – sicher nicht. Besser: Suchen Sie sich einen Ansprechpartner in einem Ressort, in das Ihre Meldungen hineinpassen, beispielsweise das Ressort »Unternehmen« für Unternehmensmeldungen.

Werben im Internet: Banner & Co.

Lange war das Banner das Online-Werbemittel schlechthin. Bis die Werber merkten, dass es oft nicht so viele Klicks brachte wie erwartet. Bei den Internetnutzern finden Banner wenig Beachtung. Rund 30 Prozent der User, denen Banner auf den Internet-Sites überhaupt aufgefallen sind, finden diese Werbeform »nicht gut« oder sogar »überhaupt nicht gut«, besagt eine Marktstudie der GfK *(www-gfk-de)*. Etwa die Hälfte aller Internetnutzer, denen Banner auffallen, hat diese noch nie angeklickt. Ernüchternd – und der Hauptgrund, aus dem Marketigstrategen an anderen Formen der Werbung basteln. Dennoch sollte jeder Shop-Besitzer ein eigenes Banner haben, auch wenn er vielleicht aus Kostengründen nicht aktiv werben möchte oder lieber auf alternative Werbemöglichkeiten wie das Sponsoring ausweicht. Erfahrungsgemäß ergibt sich immer mal wieder die Gelegenheit zum Austausch, und diese Gelegenheit sollte man nutzen. Zumal ein Banner, im Vergleich zu einer Printwerbung, recht günstig zu erstellen und mit einem Programm wie Paint Shop Pro (Testversion kostenlos unter *www.jasc.de*) mit dem entsprechenden Talent sogar recht einfach selbst gestaltet werden kann.

Ein werbewirksames Banner sollte den Grundsätzen der AIDA-Formel folgen. AIDA ist hier weder Frauenname noch Oper, sondern die Formel für den Erfolg eines Banners. Es steht für

Attention	(= Aufmerksamkeit)
Interest	(= Interesse)
Desire	(= Wunsch)
Action	(= Handlung)

Das heißt: Ein Banner sollte die Aufmerksamkeit des potenziellen Kunden erzielen, sein Interesse wecken, dann den Wunsch, es anzuklicken, und schließlich die Handlung des Klickens selbst auslösen.

Tipp **Keine Schock-Banner!**

»Wenn Sie jetzt nicht klicken, stürzt der Computer ab«: Etwa 50 Prozent aller Internetnutzer betätigen in einer solchen Situation die Maustaste und klicken sich damit auf die Seite eines nicht besonders seriösen Anbieters. Solche Werbung verstößt jedoch gegen den Paragraphen 1 des Gesetzes gegen unlauteren Wettbewerb. Außerdem locken Sie mit solchen Tricks Kunden auf Ihre Seiten, die sich gar nicht für Ihre Produkte interessieren, erzielen also nur einen sehr kurzlebigen Effekt.

Bannertausch

Wie Du mir, so ich Dir: Auf diesem einfachen Prinzip beruht der Bannertausch. Richtig lohnenswert ist er allerdings erst, wenn Sie schon einige Besucher auf Ihrer Homepage verzeichnen. Im Allgemeinen kommt ein Austausch nur zwischen zwei gleichwertigen Partnern zustande. Machen Sie sich keine allzu großen Hoffnungen, dass der Otto-Versand Ihr Banner auf seine Seite nimmt – auch wenn Sie seines publizieren. Um Ihre Besucherzahlen nachweisen zu können, sollten Sie diese dokumentieren. Dafür gibt es spezielle Programme, zum Beispiel »Webtrends«, die Logfiles auswerten. Logfiles sind Dateien, die bei jedem Besuch Ihrer Seite, bei jeder Aktion eines Surfers entstehen und alles in kryptisch anmutenden Dateien sammeln.

Bei professionellen Tauschprogrammen wie Linkexchange *(www.linkexchange.com)* ist diese Dokumentation nicht nötig – wenngleich Sie sie zur eigenen Information besser anfertigen sollten –, denn die Services rechnen die Dauer der Einblendungen Ihrer Banners mit der Einblendung des Fremdbanners auf Ihrer Seite auf. Empfehlenswert sind diese Austauschprogramme in der Regel nicht, da Sie Ihr Gastbanner nicht aussuchen dürfen. Die Gefahr besteht, dass man Ihnen eine schlüpfrige Werbung einblendet, die auf einer seriösen Seite Kunden vergraulen könnte. Davor sind Sie auch bei Services, die keine Sexbanner aufnehmen, nicht gefeit, denn die Grenzen sind mitunter fließend. So fällt ein Dessous-Shop nicht unbedingt unter die Kategorie Sexseite – wenn sich für diesen Shop auf einem Banner aber drei leicht bekleidete Damen räkeln, könnte das Ihre Kundschaft dennoch irritieren oder gar abstoßen.

Banner schalten: Am besten mit möglichst wenig Streuverlust

Kennen Sie das? Sie geben in einer Suchmaschine das Wort »Sonnenbrille« ein, und bei den Suchergebnissen blinkt das Banner eines Designer-Sonnenbrillen-Stores. Dazu werden Sie darauf hingewiesen, dass Bücher zu dem Thema in diesem oder jenem Shop erhältlich sind.

Die Platzierung auf der Basis von Schlüsselwörtern erzielt allgemein die höchsten Klickraten. Logisch, denn der Kunde hat sein Interessengebiet ja schon selbst eingekreist. Sollten Sie sich also für eine Bannerkampagne entscheiden, so lohnt sich in der Regel die höhere Investition für diesen bevorzugten Bannerplatz. Bannerpreise berechnen sich meist nach TKP – diese Abkürzung steht für Tausend-Klick-Preis. Daneben zeigt sich erfahrungsgemäß viel Verhandlungsspielraum auf Webseiten, die die Werbung noch nicht komplett kommerzialisiert haben. Ein Anruf empfiehlt sich in jedem Fall – jedenfalls wenn die Seite zu Ihren potenziellen Kunden passt und gut besucht ist. Vielleicht können Sie eine kostenlose Probeschaltung mit dem Website-Betreiber vereinbaren? Nach einer Woche oder einem Monat zahlen Sie den regulären Preis, aber erst mal möchten Sie testen, wie viele Kunden das Banner überhaupt bringt.

Für ein größeres Unternehmen empfiehlt es sich, eine Spezial-Mediaagentur für das Internet einzuschalten, zum Beispiel Doubleclick oder Adlink. Solche Agenturen übernehmen für Sie die Mediaplanung im Internet, schalten die Banner mit Agenturprovision (oft um die 10 Prozent Rabatt) und verfügen über einen Ad-Server, der jeden Bannerclick registriert und eine statistische Auswertung zulässt.

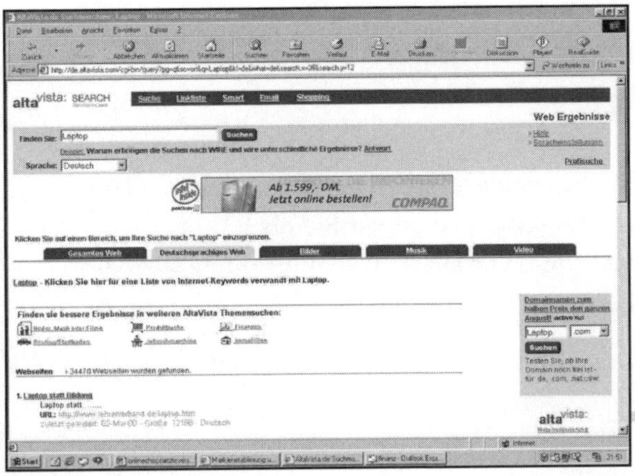

www.altavista.de

Wenn Sie einen Suchbegriff eingeben, erscheint das »passende« Banner.

Wichtige Adressen: Mediaagenturen für Bannerschaltung

www.doubleclick.de
www.adlink.de

Pop-ups und Superstitials

Kaum haben Sie eine Seite aufgerufen, springt Ihnen auch schon ein Fenster entgegen. »Bitte nehmen Sie an unserer Umfrage teil« steht da etwa.

Pop-up-Fenster, die beim Starten einer Seite aufklappen und sich dem Surfer unübersehbar präsentieren, finden sich immer häufiger. Anders als das Banner haben sie nicht den Sinn und Zweck, Internetnutzer auf eine andere Seite zu locken. Der Kunde soll sich vielmehr den Namen der Firma einprägen, die ihn im Pop-up begrüßt, häufig als Sponsor der Homepage. Das erklärt schon, warum sich ein Pop-up als Werbeform für Online-Shops nur bedingt (zum Beispiel, um auf eigene Specials und Neuheiten hinzuweisen) empfiehlt, denn in aller Regel ist es nicht das primäre Ziel, den Shop-Namen als Marke zu etablieren. Erst in einem zweiten Schritt, nachdem ein gewisser Bekanntheitsgrad erreicht ist, ist eine solche Aktion sinnvoll.

Ob sie wirklich für mehr Aufmerksamkeit sorgen als ein Banner, ist umstritten. Tatsache ist, dass Pop-ups den Surfer auch ganz schön nerven können – mehr als ein Banner, denn im Gegensatz zu diesem kann das Pop-up nicht ignoriert und links liegen gelassen, sondern muss erst mal weg- und aus dem Weg geklickt werden. Ähnliches gilt für die neuen Pop-under, die den gesamten Bildschirm mit Werbung belegen.

Microsites: Mit redaktionellen Beiträgen Aufmerksamkeit erzeugen

Kennen Sie diese Magazinseiten, die genauso aussehen wie ein redaktioneller Beitrag? Nur wenn Sie genau hinsehen, erkennen Sie oben links (oder rechts) klein das Wort »Anzeige«. Diese wie ein Artikel aufbereitete Werbeseite nennt sich Advetorial – eine Wortschöpfung aus dem englischen »Editorial« (für Artikel) und »Ad« für Anzeige. Advetorials wirken oft besonders vertrauenserweckend, denn statt Werbesprüchen bieten sie Information. Das kommt an.

Microsites sind das Online-Äquivalent zum Advetorial, dem bezahlten redaktionellen Beitrag. Solche Beiträge bringen Sie auf Webseiten unter, auf denen Sie Ihre Kunden vermuten. Es kann sich dabei um alle möglichen informativen Inhalte handeln. Üblich ist zum Beispiel die Präsentation einer Produktneuheit. Aber warum nicht andere Wege beschreiten? Ein Modegeschäft kann die Schminktipps für eine Online-Beauty-Zeitschrift liefern, ein Anbieter von Englischkursen mag mit den wichtigsten Vokabeln zum Business English viel Aufmerksamkeit auf an Wirtschaftsthemen ausgerichteten Seiten erzeugen. Wichtig ist, dass Sie als Lieferant des Beitrages erkennbar sind und ein Link auf Ihr Angebot erfolgt. Microsites werden selten offiziell in den Mediaunterlagen von Unternehmen angeboten. Sie sollten explizit nachfragen und gleich einen Vorschlag machen, wie Ihr Beitrag das Komplettangebot ergänzen kann. Eventuell erzeugen Sie sogar einen so großen Mehrwert für die Nutzer der Seite, dass die Microsite kostenlos geschaltet oder Inhalte gemeinsam mit dem Betreiber der Webseite entwickelt werden können und Sie als Sponsor auftreten.

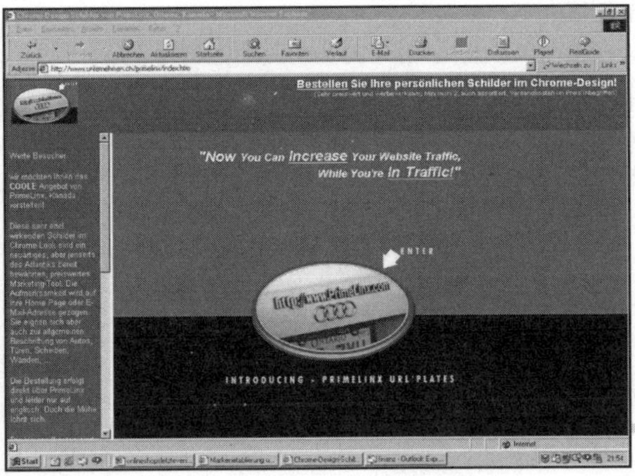

www.unternehmen.ch

Ein Beispiel für eine Microsite

Gewinnspiele: Wirksamer als Banner

Eine Traumreise im Wert von 5000 Mark, 14 Tage Karibik, davon eine Woche Segeltörn, und das für zwei Personen ... Bei solchen Gewinnspielen machen auch Sie mit, oder? Gewinnen will jeder – ein Grund, warum Gewinnspiele eine höhere Wirkung erzielen als Werbebanner, wie die Dialogmarketing-Zeitung *One2One* jüngst herausfand. Ziehen mit einem ordentlichen Gewinn doch nicht nur Ihre Kunden, sondern auch Sie das große Los. Gesetzt der Fall, Sie können Besucher an Ihre Seite binden. Damit das gelingt, sollte Ihr Spiel möglichst auch nur für Ihre Zielgruppe interessant sein. Recht einfach ist das bei Reisen: Wer will keinen Wochenendtrip nach Rom gewinnen, nicht kostenlos zwei Wochen auf den Bahamas segeln? Reisen sind ein Gewinn für viele Shop-Seiten, gerade auch für Anbieter eines Reiseshops. Achten Sie aber darauf, kein Opfer des Karnevalsbonbons-Prinzips zu werden: Die Leute freuen sich nicht über alles, was sie geschenkt haben können. Billige Busreisen locken nur eine ganz bestimmte Klientel. Und eine Woche Heideurlaub ist für eine Zielgruppe jenseits der 50 vielleicht Anreiz, einer jugendlichen Klientel entlockt ein solcher Gewinn kein Klick. Was bringt diese Zielgruppe Ihnen, wenn Sie Edelschmuck verkaufen, vor dessen Preisen der typische Busreisetourist zusammenschreckt wie vor alkoholfreien Cocktails?

Je spannender und zielgruppenorientierter der Gewinn ist, desto interessanter wird für potenzielle Kunden ein Besuch auf Ihrer Webseite.

Neben Reisen sind auch Handys, Palm Pilots (Taschencomputer) und Laptops bei der großen Allgemeinheit sehr beliebt. Andere Gewinne richten sich eher an spezielle Zielgruppen und sollten zum Inhalt des Shops passen, zum Beispiel sind Beauty-Wochenenden und Kosmetikgutscheine für eine Online-Parfümerie passender als Abenteuerreisen.

Ein Spiel kann ganz schön ernst werden, wenn der Kunde sich verraten fühlt. Viele Webseiten nutzen Gewinnspiele, um ungeniert Daten einzusammeln. Schon beim Ausfüllen zweifeln viele daran, ob Sie hier überhaupt etwas gewinnen können. Schlecht für das Vertrauen, das der Kunde zu Ihnen entwickeln soll. Deshalb: Verlosen Sie nur, was Sie auch tatsächlich verlosen können. Teilen Sie den Besuchern Ihrer Webseite mit, wann der Gewinner gezogen wird, und veröffentlichen Sie den Glücklichen nach Möglichkeit namentlich.

Damit das Gewinnspiel auch Breitenwirkung erzielt, sollten Sie es weithin bekannt machen. Eine gute Adresse sind »Kostenlos-Seiten«, die alles sammeln, was im Netz umsonst ist. Infomieren Sie diese über Ihr Gewinnspiel. Werbung können Sie auch bei *www.gewinnspiele.de* machen. Darüber hinaus kann neben dem obligatorischen Hinweis auf der Homepage auch eine Bannerwerbung mit dem Hinweis auf das Gewinnspiel Klicks bringen.

Mit Gewinnspielen Kundendaten sammeln

Für Ihre Marketingmaßnahmen brauchen Sie möglichst viele Daten von potenziellen Käufern. Ein Gewinnspiel lockt diese nicht nur auf Ihre Webseite, sondern hilft auch, Kundendaten zu sammeln. Es kann somit die Basis für weitere Marketingmaßnahmen schaffen.

13 000 Kundendatensätze hatte zum Beispiel die Kölner Internetfirma Tom Power innerhalb kürzester Zeit und komplett ohne Werbung für ihr Gewinnspiel-Angebot gesammelt. Besonders gut kam übrigens die Funktion »Ich will tricksen« bei den meist jungen Spielern an, denn damit konnte man seine Gewinnchancen erhöhen. Doch »tricksen« durfte nur jemand, der sich vorher angemeldet und dabei auch einige persönliche Daten hinterlassen hatte: Telefonnummer, E-Mail-Adresse, Postadresse und auch die Handynummer.

Wer mehr als die E-Mail-Adresse als Teilnahmebedingung fordert, wird dagegen manchen Kunden vergraulen. Besser, Sie staffeln die Teilnahme nach dem Tom-Power-Prinzip der Chancenoptimierung. Oder Sie verknüpfen die Teilnahme mit einer Umfrage. Die Eingabe einer »nackten« Datenabfrage dagegen wirkt in der Regel abschreckend.

Weisen Sie den Kunden darauf hin, wofür Sie die Daten brauchen. Der Kunde muss einer eventuellen Nutzung, zum Beispiel der Aufnahme in Ihren Newsletter-Verteiler, explizit zustimmen. Ein entsprechendes Kästchen darf nicht vorangekreuzt sein.

WWW Wichtige Adressen: Gewinnspiele anmelden

www.gewinnspiele.de
www.kostnix.de
www.kostenlos-im-internet.de
www.geizhals.de

www.kostenlos.de

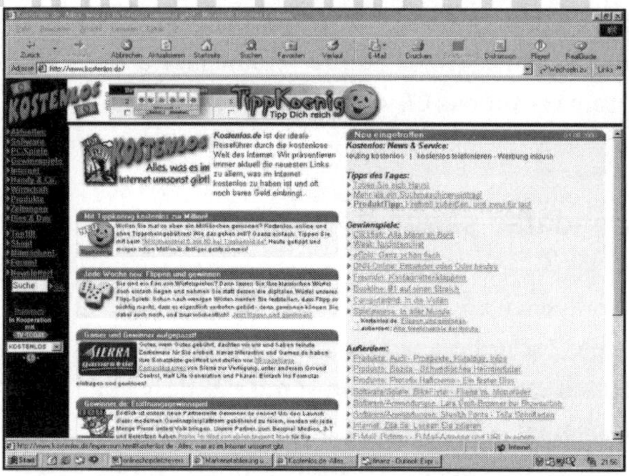

Kostenlos.de ist seit langem der beliebteste »Gratis«-Anbieter – hier sollten Sie dabei sein!

Tipp Fertige Gewinnspiele »kaufen«

Sie sparen die Kosten für die Entwicklung eines Gewinnspiels, wenn Sie es fertig bei einer Software-Firma einkaufen. So bietet *www.spin.de* nicht nur kostenlose Chatrooms, sondern auch einen virtuellen Adventskalender für die Vorweihnachtszeit. Nur die Geschenke müssen Sie selbst stellen.

Testimonials: Wenn andere für Sie sprechen

Erinnern Sie sich an »Ich bin drin«? Boris Becker hat dem Online-Dienst AOL durch seine Fernsehwerbung vermutlich zahlreiche neue Kunden beschert.

Ein bekannter Name, mit dem Sie etwa auf Ihrer Homepage werben, erhöht die Wahrnehmung Ihrer Seite. Dennoch sollten Sie jetzt nicht versuchen, Kontakt mit Boris Becker aufzunehmen – wahrscheinlich ist er ohnehin zu teuer. Und wenn Sie einen hypermodernen Tisch designt haben, der sich in drei- bis sechseckiger Form nutzen lässt, müssen Sie nicht gleich bei Philipp Starck anklopfen. Fangen Sie eine Riege darunter an, um Ihr Budget zu schonen: vielleicht mit dem Geschäftsführer einer bekannten Werbeagentur, der diesen Tisch gekauft hat (oder sich von Ihnen hat schenken lassen).

Das Angebot auf Ihrer Homepage wird ernster genommen, wenn die Verbindung Partner – Produkt passt. Nicht immer bietet sich gleich die Prominenz an, die in der Regel für solche Aktionen auch nicht kostenlos zur Verfügung steht. Besser, Sie finden einen Partner, der ein Interesse daran haben kann, auf Ihrer Seite erwähnt zu sein. Zum Beispiel einen Verlag, der Ihre Online-Schminkkurse »freundlich unterstützt« und vielleicht in einer Langfassung auch als Buch herausgibt. Oder den Geschäftsführer einer bekannten Firma, der aus der von Ihnen designten Tasse trinkt, Ihr Sofa im Aufenthaltsraum platziert hat oder Ihre innovativen Werbekugelschreiber schon seit 1999 zu Weihnachten an seine Kunden verschenkt.

Sponsoring: Besser als Werbung

Mögen Sie Fußball? Dann wissen Sie wahrscheinlich, wer Ihren Lieblingsverein sponsert. Und wahrscheinlich haben Sie ein positives Verhältnis zu dieser »Marke«, nehmen sie als sportlich engagiert wahr.

Gezieltes Sponsoring kann effektvoller sein als eine teure Werbekampagne quer durch alle Medien. Oder er kann diese zumindest sehr wirkungsvoll ergänzen.

Bei der Auswahl des Partners, den Sie sponsern wollen, sollten Sie gezielt vorgehen und dorthin gehen, wo Sie auch Ihre Kunden vermuten. Verfolgen Sie eine Sponsoring-Strategie großer Konzerne, die sich zum Beispiel nur in bestimmten Bereichen des Sports, der Kunst oder Kultur engagieren.

Beispiel: Sie verkaufen Artikel für Extremsportler im Internet. Dann könnten Sie sich mit einer sportlichen Content-Seite, aber auch auf Plattformen von Abenteuerreisen-Anbietern präsentieren. Welche Form der Unterstützung Sie leisten, ist Verhandlungssache. Nicht immer wird ein Geldsponsoring erwartet, auch »Sachspenden« können gut ankommen. So könnten Sie der von Ihnen ausgewählten Seite fünf Bergsteigerausrüstungen »sponsern«, die diese Site dann an Besucher verlost – selbstverständlich unter Nennung Ihres Namens, Abbildung Ihres Logos und mit Link auf Ihre Homepage.

WWW Wichtige Adresse:

www.sponsorpartners.de: Spezialagentur für Sponsering

Auktions-Marketing: Versteigern statt Verkaufen

Früher waren Auktionen den Antiquitätenhändlern und reichen Privatleuten vorbehalten. Inzwischen zieht es auch Händler von Neuware in die Auktionshallen des Internets. Zum einen, um dort eigene Produkte – auch Events oder Reisen! – zu versteigern. Zum anderen aber auch, um diese effektiv zu bewerben. Denn selbst wer seine Ware einige Prozentpunkte unter Preis »opfern« muss, erzielt dadurch eine Werbewirkung, die bis auf den (möglichen) Nachlass nichts kostet.

Angst, seine Ware verschenken zu müssen, braucht man im Allgemeinen nicht zu haben. Neue, qualitativ hochwertige Waren erzielen in einem Auktionshaus durchaus Preise, die auf Marktniveau liegen, oft sogar noch darüber. Für dieses Phänomen sorgt der Spieltrieb im Menschen. Wer lässt sich denn auch gerne etwas von anderen bieten – und überbieten lässt man sich schon gar nicht.

Gerade Live-Auktionen sind unter diesem Aspekt besonders beliebt, da sie keine Zeit zum Überlegen lassen und das Spielerische auf die Spitze treiben. Eine Live-Auktion funktioniert so: Von einem geringen Ausgangspreis ausgehend, bieten die Interessenten, zum Beispiel bei Ricardo, 20 Minuten lang. Der Meistbietende »kauft« die Ware. Spannend ist auch die Variante der Rückwärtsauktion: Ein Maximalpreis fällt alle zwanzig Sekunden. Derjenige Interessent, der als Erster die Maus bedient und damit seinen Kaufwunsch besiegelt, erhält den Zuschlag. Rückwärtsauktionen werden häufig für Reisen und Wochenendtrips initiiert.

Um das unternehmerische Risiko zu minimieren, bieten einige Auktionshäuser wie QXL die Möglichkeit, einen Mindestpreis festzusetzen. Wird dieser nicht erreicht, erhält auch der Meistbietende keinen Zuschlag. Dieser Mindestpreis bleibt in der Regel geheim, liegt oft aber sehr nahe am normalen Verkaufspreis. Nicht selten entsteht aber das Gefühl, dass das Auktionshaus lediglich zur Präsentation der Produkte dient, Kaufabschlüsse aber auf anderem Wege getätigt werden. Dem Auktionsteilnehmer kann ein hoher

Mindestpreis viel Frust bescheren und die Werbewirkung – langfristig zumindest – in Frage stellen. Denn irgendwann bemerken auch die anderen Auktionsteilnehmer den »Trick«.

Deshalb sollte ein Mindestpreis immer fair festgelegt werden und deutlich unter dem Marktwert liegen. Empfehlenswert sind 20 bis 25 Prozent. Vielleicht kommt doch eine größere Summe zustande, da die Interessenten auch nach Erreichen der Mindestsumme noch weiter bieten. Andernfalls: An so einen exklusiven Werbeplatz kommen Sie sonst nicht so günstig.

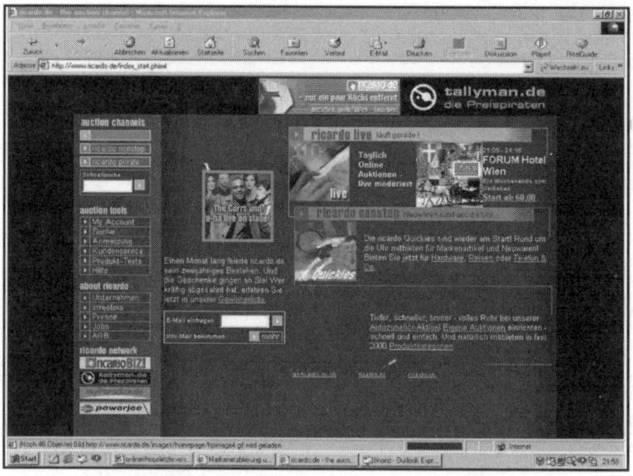

www.ricardo.de

Bei Ricardo gibt es kommerzielle und private Auktionen.

ok Checkliste für erfolgreiche Auktionen

- Setzen Sie den Ausgangspreis sehr niedrig an. Starts mit einer Mark werden besonders beachtet. Oft kommen Sie mit einer Mark schneller auf einen realistischen Preis als bei einem 20-Prozent-Nachlass.
- Beschreiben Sie das Produkt prägnant und detailliert. Beispiel Kleidung: Größe, Marke, Farbe / n, Beinlänge bei Hosen sind Mindestangaben.
- Bieten Sie Umtausch bei Nichtgefallen an.
- Niemand kauft gern die Katze im Sack: Ein Foto vom Produkt erhöht den Verkaufserfolg ganz wesentlich.
- Nennen Sie immer Ihren Firmennamen und Ihre Internetadresse.

Kostenlose Angebote bringen zahlende Kunden

Dagobert Duck hing an jedem seiner Taler. Geld verschenken? Niemals! Für manchen Geschäftsmann mag es hart sein, Dinge kostenlos anzubieten. Man meint, Geld zu verschenken. Doch kostenlose Angebote bereiten oft den Weg zum wirtschaftlichen Erfolg.

Überall finden sich online kostenlose Angebote: Software und Informationen sind besonders verbreitet, aber auch Kurse werden oft gratis angeboten. Dabei sollte man zwischen Lock- und Zusatzangeboten unterscheiden, die beide Ihren Sinn, aber unterschiedliche Ziele haben. Lockangebote sind all jene, die zum Update (Aufrüsten) auf eine größere Version verführen sollen. Dies kann eine Software sein, die in einer kleineren Version noch um einige wichtige Funktionen beschnitten ist. Oder aber ein Online-Kurs, der einen Vorgeschmack auf andere Kurse bietet. Auch Preisvergleiche im Internet können teilweise kostenlos angeboten werden, damit der Kunde Lust auf Nachschub bekommt.

Entscheidend ist: Sie sollten die kostenlose Testversion nutzen, um den Kunden von Ihrem Produkt zu überzeugen. Gleichzeitig muss durch den »Test« in ihm das Bedürfnis »nach mehr« geweckt werden.

Bieten Sie Mehrwert – und keine Tricks!

Zusatzangebote sollen im Gegensatz dazu Mehrwert bieten, Kunden auf die Seite ziehen, die vielleicht gar nicht kaufen wollen. Dies kann ein Hotelführer auf einer Preisvergleichsseite sein oder ein Restaurantguide bei einem Anbieter für edle Wohnaccessoires. Sehr gut kommen bei Internetsurfern auch Postkartenservices an, die etwas ungewöhnlich sind, zum Beispiel multimedial gestaltet. Kostenlose Angebote müssen nicht permanent auf der Homepage verfügbar sein – es kann sich auch um Aktionen handeln. So kann ein Blumenladen durch kostenloses Versenden eines speziellen Valentin-Straußes am Valentinstag ohne Zweifel einiges an (Presse-) Aufmerksamkeit erzielen.

Beachten Sie: Ihre kostenlosen Angebote dürfen keine Fallen sein, damit zerstören Sie das Vertrauen Ihrer Kunden, dass Sie ja aufbauen wollten. Wenn ein Kunde nach der Hälfte des Downloads merkt, das die Software doch zehn Mark Anmeldegebühr kostet oder an die Verschickung des kostenlosen Blumenstraußes ein Blumen-Abonnement für die nächsten sechs Monate gekoppelt ist, verlieren Sie ihn höchstwahrscheinlich für immer.

Offline-Marketing für Mini-Budgets

Für einen Internetshop sollten Sie vor allem im Internet Werbung machen. Dies gilt vor allem, wenn es sich um ein reines Web-Angebot handelt. Besitzen Sie darüber hinaus einen Präsenz-Shop, empfiehlt es sich jedoch, sich auch in der wirklichen Welt vor der eigenen Haustür umzusehen. Etwa in den regionalen Wochenzeitungen, die ein passender Ort für eine Anzeige sein können. Es bietet sich ein Inserat an, in dem Sie Ihr Präsenz-Geschäft bewerben und parallel auf Ihren Webauftritt aufmerksam machen. Selbst größere Anzeigen kosten in Wochenblättern nicht die Welt, erreichen aber dank der hohen Streuung durch die Verteilung an alle Haushalte einer bestimmten Region ein sehr großes Publikum. Zudem können Sie als Anzeigenkunde oft auch über den Platz für einen redaktionellen Beitrag verhandeln, beispielsweise in Verbindung mit einem Gewinnspiel. Am besten, Sie nehmen gleich Kontakt mit der Redaktion auf!

Auch die Auslage von Broschüren in anderen Geschäften kostet Sie in der Regel vor allem das Gespräch mit dem Ladenbesitzer und vielleicht noch ein paar Mark obendrauf. Eventuell kommen auch Arztpraxen in Frage, beispielsweise wenn Sie einen Frischfutterservice für Hundebesitzer im Internet betreiben. Vielleicht auch die Friseure und Kosmetiksalons der Umgebung, falls Sie mit Beauty-Themen »handeln«. Potenzielle Ansprechpartner sind auch Cafés, Restaurants oder Kneipen.

Seien Sie kreativ und scheuen Sie sich nicht, die Initiative zu ergreifen. Achten Sie aber bei jeder Aktion darauf, dass sie »passt«.

Denken Sie auch an Kooperationen: Ein Gourmettempel im Internet kann sich gut mit einem Drei-Sterne-Koch zusammenschließen, der auf Ihrer Internetseite Rezepte veröffentlicht und in Chats Rede und Antwort zu allen Feinschmeckerthemen steht. Für beide Seiten ist solch eine Kooperation befruchtend, denn der eine wirbt für den anderen. Auch die Kleinanzeigenbereiche mancher Branchenblätter sind eine preiswerte Alternative. Als juristischer Fachbuchhandel beispielsweise steht Ihnen eine Reihe an

Publikationen offen, aber auch für Unternehmen aus der grafischen Industrie gibt es zahlreiche Zeitschriften, die Kleinanzeigen annehmen (zum Beispiel die Zeitschrift *Page*). Schauen Sie sich in dem Teil der Blätterwelt um, die thematisch zu Ihrem Webangebot passt.

Als echter Ladenbesitzer sollten Sie natürlich auch Ihre heimische »Theke« nutzen, um auf Ihr Internetangebot aufmerksam zu machen. Die Webadresse sollte auf all Ihren Druckerzeugnissen erscheinen. Viele stolze Besitzer einer Internetpräsenz werben auch auf Ihren Firmenfahrzeugen oder der Eingangstür in fetten Lettern mit dem »www.«.

Offline-Marketing, in das Sie mehr Geld investieren müssen

Immer mehr Internetfirmen schalten Fernsehwerbung, sind zudem ständig in den Printmedien präsent. Das hat seinen guten Grund: Inzwischen sind unter den TV-Zuschauern bestimmter Sendungen die Hälfte berufliche und/oder private Internetnutzer. Dennoch zeigt die Erfahrung, dass Fernsehwerbung für reine Internetunternehmen in keinem Kosten-Nutzen-Verhältnis steht. Um dauerhaft präsent in den Medien zu sein, muss einfach permanent investiert werden. Kurze TV-Auftritte geraten schnell in Vergessenheit.

Auch unter den Lesern von Zeitschriften wie *Spiegel* oder *Focus* sind viele Surfer, ganz zu schweigen von ihrem Anteil bei den einschlägigen Internet-Magazinen wie *Online Today*.

Als reiner Internet-Shop sollten Sie die reale Welt um sich nicht vergessen. Wenn es Ihr Budget erlaubt, werben Sie in Zeitschriften oder sogar im Fernsehen. Und: Leisten Sie sich eine Mediaagentur, denn diese kann die Werbeschaltung dank der für Agenturen üblichen Rabatte oft sehr viel günstiger durchführen.

Mit Ihrem Online-Shop sollten Sie sich aber zunächst auf des Online-Marketing konzentrieren.

Kapitel 4

Pfiffige Marketingideen

9 Ideen, mit denen Sie überall präsent sind

Superman ist immer da, wenn man ihn braucht. Dank Internet brauchen Sie keine Superkräfte mehr, um von einem Ort zum anderen zu kommen. Es reicht die Maus. Mit ihr sollten Sie sich dort hinbegeben, wo auch Ihre Zielgruppe ist – das kostet Sie nichts (außer Ihre Zeit) und gibt Ihnen die Gelegenheit, auf Ihr Angebot und Ihren Service hinzuweisen. Lassen Sie aber den Holzhammer zu Hause, sondern betätigen Sie sich lieber als unauffälliger »Retter« nach dem Superman-Prinzip. Hinterlassen Sie überall ein sauberes, positives Image. Wer in Newsgruppen mit marktschreierischen Äußerungen statt mit differenzierten Kommentaren auf sich aufmerksam macht, erreicht das Gegenteil vom Erwünschten und bringt die gesammelte Newsgroup-Gemeinde gegen sich auf. Newsgroup-Teilnehmer sind Meinungsmacher und suchen handfeste Information! Halten Sie sich bei jeder Aktion vor Augen, wer Ihr Gegenüber ist und was sein Ziel ist. Auch Versprechen, die Sie nicht einhalten können, wirken kontraproduktiv. Was nützt es, auf breiter Front einen 24-Stunden-Lieferservice zu bewerben, der nur in einem von drei Fällen funktioniert? Unzuverlässigkeit spricht sich rasend schnell herum. Besser ist es, ehrlich zu sein und auch Mängel nicht zu verstecken, sondern in Angriff zu nehmen. Dies sollten Sie sich bewusst machen, bevor Sie an die Öffentlichkeit gehen. Erst dann wird Ihnen ein Auftritt auf folgenden Seiten, in Newsgruppen und Foren auch wirklich den gewünschten Erfolg bescheren.

Idee 1 – Geschenkeservice

Ist Ihr Produkt nicht auch ein schönes Geschenk? Können Sie schenkenswerte Gutscheine für Ihre Dienstleistung ausstellen? Dann melden Sie sich bei einem Internet-Geschenkeservice an. Die beste Werbung ist für Sie, wenn Ihr Produkt als Geschenktipp empfohlen wird.

www Wichtige Adressen

www.yousmile.de
www.geschenke24.de

Idee 2 – An Meilenprogrammen teilnehmen

Das Internet hat die altmodische Rabattmarke wieder populär gemacht. Geben Sie auch in Ihrem Shop Punktesammlern Eintritt. Wenn Sie Ihr Produkt bei Webmiles anpreisen, erzielen Sie damit einen tollen Werbeeffekt. Auch Reisen und Events lassen sich so prima vermarkten.

www Wichtige Adressen

www.webmiles.de
www.bonusnet.de

Idee 3 – Sich kritisch bewerten lassen

Auf Meinungsseiten können Surfer ihr Urteil über Produkte und Dienstleistungen abgeben. Für Sie sind diese Seiten ideal, um sich möglichst vielen interessierten Verbrauchern zu präsentieren. Bitten Sie einen Kunden darum, Sie hier einzutragen.

WWW Wichtige Adressen

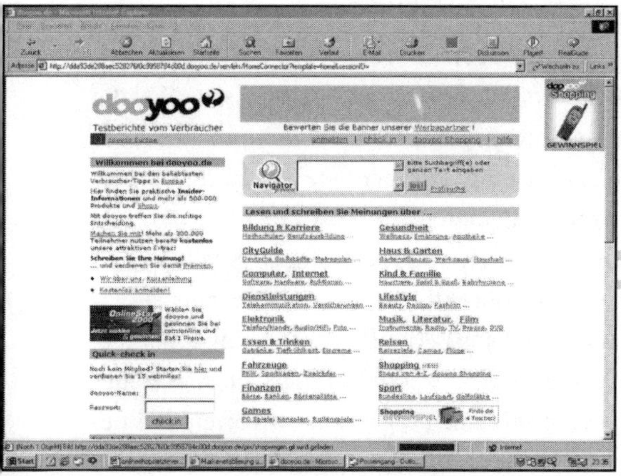

www.dooyoo.de

Dooyoo ist eine Seite, auf der sich Verbraucher kritisch zu Produkten und Shops äußern können.

www.ciao.com
www.gruenderstadt.de: in der Gründergalerie können Sie Ihr Unternehmen vorstellen und bewerten lassen.
www.trade-city.de: User bewerten Onlineshops und machen damit Shopping im Internet zum Vergnügen. Wenn Sie Ihren eigenen Online-Shop hier anmelden, ist das wie kostenlose Werbung.

Idee 4 – Sich dem Preisvergleich stellen

Keine Angst vor dem Wettbewerb – Sie sind ja besser und günstiger! Melden Sie Ihren Shop auf Preisvergleichsseiten an, eine bessere Werbung gibt es kaum. Dies gilt umso mehr, wenn Sie gebräuchliche Produkte verkaufen. Oft ist dann gerade der Preis ein wesentliches Kaufargument.

WWW Wichtige Adressen

www.shopsmart.de
www.shopping.altavista.de

Idee 5 – In Newsgruppen diskutieren

In den Newsgruppen halten sich die Empfehler des Internets auf – jene Menschen, die Ihr Produkt (zumindest aber die Shop-Seite) testen, beurteilen und Meinungen darüber weitertragen. Begeben Sie sich direkt vor Ort, um diesen Meinungsbildungsprozess positiv zu beeinflussen. Welche Newsgruppe auf Ihr Angebot passt, hängt von Ihrem Produkt ab. Als Zoohandelsbetreiber sind Sie beispielsweise in Gruppen wie *de.rec.tiere.katzen* oder *de.rec.tiere.hunde* gut aufgehoben. Laden Sie sich die Liste der verfügbaren Newsgroups auf Ihren Computer, suchen Sie nach Stichwörtern und abonnieren Sie die passenden. Zunächst – etwa zwei Wochen lang – sollten Sie nicht aktiv mitdiskutieren, sondern die Gruppe beobachten. Wer sind die Meinungsbildner? Wie ist der Tonfall? Fühlen Sie sich sicher in diesem Umfeld, können Sie beginnen, auf Fragen zu antworten, bei denen Sie wirkliches Know-how beisteuern können. Wenn sich beispielsweise jemand nach der Zusammensetzung von Katzenfutter einer bestimmten Sorte erkundigt, können Sie Auskunft geben. Bleiben Sie sachlich und weisen Sie nicht auf Ihr eigenes Angebot hin. Es reicht, wenn Sie unter Ihren Text den Namen Ihres Shops und die URL angeben. Wenn Ihre Ratschläge sich als kompetent und sachlich erweisen, ist dieser Hinweis Werbung genug. Seien Sie darauf gefasst, dass Ihnen einige Mitglieder der Newsgroups anfangs kritisch gegenüberstehen, gilt doch das Usenet als werbefreier Raum. Solche Vorbehalte können Sie nur durch vorbildliches Verhalten ausräumen!

Idee 6 – Auf Postkarten werben

Kennen Sie Edgar? Edgar ist die Werbepostkarte, die Sie in Kneipen und Restaurants oft auf dem Gang vom Klo mitgenommen haben. Genau, diese pfiffige mit der dezenten Werbung. Edgar gibt es als Edcard auch im Internet. Die oft multimedialen Karten sind eine besondere Attraktion. Die Investition in eine Edcard lohnt sich vor allem für junge Firmen – Musikverlage zum Beispiel –, da auch die Klientel der Website sicher eher unter den jungen Leuten anzusiedeln ist.

WWW Wichtige Adressen

www.edgar.de: Edcard heißt die elektronische Werbepostkarte im Internet.

Idee 7 – Für kleine Werbebudgets: Kleinanzeigenmärkte und regionale Angebote nutzen

Ihr Werbebudget ist klein und Sie möchten dennoch von sich reden machen? In den Kleinanzeigenmärkten des Internets können Sie häufig sehr günstig gewerbliche Anzeigen oder Banner schalten. Informieren Sie sich jedoch zunächst über die Reichweite des Marktes. Wie viele PageViews (Seitenaufrufe) kann er nachweisen? Gut sind Anzeigenmärkte, die in verschiedene Seiten eingebunden sind, wie die »Anzeigenbörse«, die sich auch im Angebot der Zeitschrift *Brigitte (www.brigitte.de)* zu finden ist.

Werbung in regionalen Angeboten

Regional aktiv werden sollten vor allem Präsenzhändler mit Internetshop. Längst haben nicht mehr nur die großen Städte, sondern auch kleine Gemeinden solche Webseiten. Und nicht selten bestehen mehrere Angebote nebeneinander. Oft findet sich auf diesen Städte- und Gemeindeseiten zudem ein elektronisches Branchenbuch (zum Beispiel bei *www.koeln.de)*. Hier können Sie kostenlos oder sehr günstig auf Ihr Angebot aufmerksam machen und einen Link auf Ihre Seite setzen lassen.

WWW Wichtige Adressen: Kleinanzeigenmärkte

www.kostnixx.de: Übersicht über Kleinanzeigenmärkte
www.anzeigenboerse.de
www.preisbombe.de

Idee 8 – In Shopping-Kataloge eintragen lassen

Neben den Suchmaschinen gibt es redaktionell betreute Kataloge, die auch einen eigenen Shopping-Bereich aufgebaut haben – zum Beispiel Yahoo und Web.de. Web.de bietet Shop-Betreibern zudem die Möglichkeit, Sponsor-Partner zu werden. Als Partner erhalten Sie als Shop mit Ihrem Banner eine exponierte Stellung im Katalog. Preise auf Anfrage.

www Wichtige Adressen

www.shopping.web.de
http://de.shopping.yahoo.com

Idee 9 – Werden Sie Franchisenehmer!

In der Offline-Welt schon sehr verbreitet, stecken Internet-Franchisesysteme noch in den Kinderschuhen. Dabei besteht vor allem bei der Lokalisierung – also der Übertragung von erfolgreichen Geschäftsideen auf die Bedürfnisse eines anderen Landes – ein Riesenbedarf, der häufig noch über Festanstellungen gedeckt wird. Die Lösung: Ergreifen Sie einfach selbst die Initiative! Wenn Sie ein erfolgreiches deutsches Portal haben und sich zutrauen, dieses als Franchisenehmer in einem Land zu etablieren, in dem Sie sich gut auskennen (etwa weil Sie zweisprachig aufgewachsen sind oder im Ausland leben), so fragen Sie doch einfach bei der Geschäftsführung nach, ob Interesse besteht.

www Wichtige Adressen

Über aktuelle Entwicklungen informiert Sie *www.franchise-net.de*

Avatare: Virtuelle Wesen schaffen Vertrauen

Online-Shops haben ein großes Manko: Sie haben keine Verkäufer, niemand, der mit den Kunden kommuniziert und Überzeugungsarbeit leistet.

Dabei überzeugt man nur im Dialog – das ist erwiesen. Dass die meisten Menschen gerne kommunizieren, ebenfalls. Ein psychologischer Faktor, der bei der Shop-Konzeption nicht unterschätzt werden sollte.

Virtuelle Wesen, so genannte Avatare, können dieses Manko ausgleichen. Häufig sind es menschenähnliche Gestalten, ganz besonders gerne großbusige Frauen, Variationen der Spiele-Heldin Lara Croft. Aber auch andere Avatare leben im Internet – oder könnten bald die virtuelle Welt bevölkern. So mag ein lustiges, sympathisches Tier auf einer Zoohandelsbedarfsseite die Besucher eher zum Kauf animieren als ein Model-Verschnitt. Man denke nur an den Erfolg der Software-Programme Catz und Dogz, die Mitte bis Ende der Neunziger Jahre auf vielen Computerbildschirmen lebten. Catz und Dogz waren kleine Kätzchen und Welpen, die der Computerbesitzer großziehen, füttern und erziehen musste. Dafür tollten sie auf dem Bildschirm und schmusten mit dem Anwender. Warum sollte sich ein ähnliches Konzept nicht auch auf einen Shop anwenden lassen? Vorsicht ist hier natürlich geboten: Ein Avatar muss zu Produkt, Image und Marketingstrategie passen, mit diesem eine Einheit bilden. Abzuraten ist von allem, was aufgesetzt statt integriert wirkt oder einen Stilbruch erzeugt. Tollende Welpen passen einfach nicht in ein Bettengeschäft, eine vollbusige Lara nicht in den Zoohandel.

Avatare sind unterschiedlich komplexe Programme

Die Kunst-Menschen werden unterschiedlich stark eingesetzt. Manchmal begrüßen Sie den Kunden auf der Startseite und führen ihn bis zur Absendung der Bestellung durch das Programm. Ein Beispiel können Sie sich auf der Seite von *www.travelchannel.de* mit dem Travel Girl betrachten. Solche Avatare haben die Funktion so genannter Hilfe-Assistenten, wie sie in weitaus weniger lebendiger Form von Microsoft-Programmen bekannt sind (zum Beispiel die »Büroklammer« bei Microsoft Word). Andere Avatare sollen wie komplexe Roboter agieren und dem Kunden individuelle Fragen beantworten – wie es ein Verkäufer auch tun würde. Bisher gibt es allerdings kein Beispiel im Web, wo dies wirklich gut – sprich: hochgradig individualisiert – gelingt. Sehr häufig sprechen die virtuellen Wesen gekünstelt und wirken alles anders als intelligent. Doch die Entwicklung in diesem Bereich schreitet voran.

Die Programmierung eines Avatars kann von mehreren Tausend bis zu mehreren Hunderttausend Mark kosten. Entscheidend ist die Komplexität des dahinter stehenden Programms. Als Jungunternehmer mit einem neuen Online-Shop ist das vielleicht noch Zukunftsmusik. Sie sollten aber die Entwicklung im Auge behalten. Die Preise können sich rasch ändern.

Tipp **Virtual Friends**

Bei der Firma Vista sind auch »Virtual Friends« für Online-Shops erhältlich – virtuelle Berater. Diese vorgefertigten Charaktere lassen sich mit einer Software verändern (und auf Wunsch animieren). Kostenpunkt: 900 Mark inklusive einer obligatorischen Schulung. Hinzu kommen Linzenzgebühren von 8000 Mark pro Charakter.

www **Wichtige Adressen: Avatare erstellen**

www.vista.de: Vista entwickelt Virtual Friends für den E-Commerce. Auf der Hompepage finden Sie auch einige Referenz-Avatare.
www.absolute.de
www.avatar-galerie.de: Avatare für Chats

Kapitel 5

Geschäftsideen

Kleine Shops für ein kleines Budget – 6 Ideen

Sie müssen keine großen Investitionen tätigen, um einen Online-Shop zu eröffnen. Mitunter können Sie sogar einiges sparen, indem Sie auf vorhandene Ideen und Software zurückgreifen. Oder indem Sie sich in einem Netz mit Gleichgesinnten präsentieren. Warum einen eigenen Laden aufmachen, wenn Sie sich einer funktionierenden Kette anschließen können wie zum Beispiel dem Bringdienst? Stöbern Sie im Netz, ob es für Ihr Shop-Konzept nicht schon Netzwerke oder Fertig-Elemente gibt, denen Sie sich anschließen können. Im Folgenden finden Sie einige beispielhafte Fundstücke aus dem Internet.

Idee 1 – Bringdienst: Shops für Pizza, Pasta & Co.

Die Web-Adresse *www.bringdienst.de* führt eigentlich in die Irre, denn die Seite bringt nichts ... das heißt, sie bringt nichts direkt, sondern beauftragt eine von Ihnen ausgewählte Pizzeria, Ihnen etwas zu bringen. Fingerfood, Salate – oder eben Pizza: worauf Sie Hunger haben und was den Mindestbestellwert überschreitet.

Auch wenn Sie jetzt nicht hungrig sind, könnte Ihnen diese Seite etwas bringen – wenn Sie ein kleines Restaurant, einen Imbiss, Sushi- oder Baguetteladen besitzen, der auch in einem bestimmten Umkreis ausliefert. Bringdienst bietet Ihnen auf die Bedürfnisse solcher Food-Läden zugeschnittene Shopsysteme, entweder als Fertigshop oder als individuelle Lösung. Selbst Zutaten können einzeln bestellt und Pizzen nach Wunsch zusammengestellt werden.

Bestellungen gehen auf dem Server von Bringdienst ein und werden von hier sofort an Sie weitergeleitet.

Der kleinste Online-Laden bei Bringdienst kostet etwa 700 Mark. Sie erhalten eine Unterdomain bei Bringdienst, können den Shop aber auch auf

Ihre eigene Domain umleiten. Die zahlreichen Bringdienst angeschlossenen Pizzaketten suchen übrigens ständig Franchisenehmer, die einen Offline-Laden mit Online-Filiale eröffnen möchten. Das Geschäft scheint sich zu lohnen: In Großstädten werden mittlerweile rund 15 Prozent aller Pizzen online bestellt. Multimedia-Firmen gehören übrigens zu den eifrigsten Kunden.

WWW Wichtige Adressen:

www.bringdienst.de
www.snacker.de: die Konkurrenz

Idee 2 – Fertig-Shops auf Content-Seiten

Eigentlich war Ihr Homepage-Projekt ja idealistisch motiviert. Sie wollten die beste Seite für junge Mütter, das beste Aquarienangebot des Internets oder die erste Homepage mit Rundum-Reiseinformationen über die Bahamas bieten. Über Bannerwerbung hofften Sie, ein wenig Geld einzunehmen. Die Bannerschaltung glückte nur zweimal in drei Jahren, denn da Sie hauptberuflich Beamter oder kaufmännischer Angestellter sind, hatten Sie einfach keine Zeit für stundenlange Akquise. Dabei können Sie 100 000 Page-Views im Monat aufweisen – ein ordentlicher Traffic. Und jetzt?

Vielleicht probieren Sie es doch mal mit einem Online-Shop. Solche Shops lassen sich auch in Ihre Homepage einbinden – ohne dass Sie sich damit um die Abwicklung kümmern müssen. Die übernimmt nämlich eine zentrale Stelle, die auch die Bestellungen und die komplette Logistik erledigt. Sie müssen nur kassieren – einen prozentualen Anteil von jedem verkauften Produkt. Die Produkte können Sie sich bei diesem System selbst aussuchen. Ein gewisser thematischer Zusammenhang zu Ihrer Seite sollte natürlich erkennbar sein. Dieser kann aber durchaus großzügig gewählt sein. Warum also auf einer Mütterseite nicht auch Handys oder PCs verkaufen? Die Bahamas-Site könnte Koffer und Reisebücher anbieten, vielleicht auch Designer-Sonnenbrillen und Sonnenhüte. Leider gibt es keine Anbieter, die sich offen dazu bekennen, Shops mit Inhalt zu vertreiben. Meist sprechen die Verkäufer Besitzer von Portal- und Content-Seiten direkt an. Ein anderer Weg: Sie suchen den Shop Ihrer Wahl und bieten den Betreibern an, deren Produkte auch über Ihre Homepage zu verkaufen.

Idee 3 – Verdienen Sie Geld mit Ihren Webseiten

Gabi Sommer ist die Vorzeige-Internetfrau der Firstgate Internet AG *(www.firstgate.de)*. Gabi Sommer ist Fotografin. Die Werbe-Geschichte: Auf Ihrer Homepage bot Müller bisher Ihre kunstvollen Aufnahmen zum Download (Herunterladen) für jedermann. Ein Dienst, der gerne und viel genutzt wurde, ihr aber keinen Pfennig brachte. Mit dem Service von Firstgate soll das nun anders werden: Frau Müller – die nur in der Werbung existiert – kann bestimmte Seiten zu einer Einnahmequelle machen, indem Sie für den Abruf einzelner Dokumente – wie eben Fotos – Geld verlangt. Dabei lässt sich mit Kleinstbeträgen abrechnen, zum Beispiel 35 Pfennig. Firstgate verlangt für diesen Service 9,90 Mark pro Monat. Ideal ist der Firstgate nicht nur für Fotografen und Fotoagenturen, sondern auch für die Anbieter von Datenbanken, Archiven, Routenplanern, Telefon- und Reiseauskünften, Weckdiensten oder Expertenforen. Für Großkunden wird ein besonderer Service geboten.

Idee 4 – Buchshops auf Hobbyseiten

Online-Buchhändler Amazon *(www.amazon.de)* bietet die Möglichkeit, Bücher und CDs aus seinem Programm über die eigene Seite zu verkaufen. So lässt sich ein individueller Shop einrichten, der direkt auf die Bestellungen bei Amazon verlinkt. Allerdings lohnt sich das nur, wenn ein ausreichender Traffic auf Ihrer Homepage bereits vorhanden ist oder wenn Ihr Angebot geeignet ist, Traffic zu erzeugen. Beachten Sie: Nur zirka jeder 250. Besucher auf einer Seite bestellt überhaupt etwas! Allerdings: Je besser der Buchshop zum Angebot passt, desto höher die Bestellwahrscheinlichkeit. Beispiel: Wer eine Seite zu Börse und Aktienhandel betreibt, wird Bücher über diesen Themenkreis eher an den Mann/die Frau bringen können. Wichtig sind dabei auch fachlich gute, möglichst individuelle Beschreibungen und Kritiken der Bücher.

Idee 5 – Buchungsmaschine: Alles für das Online-Reisebüro

Content-Anbieter im Reisebereich, die einen eigenen Shop eröffnen möchten, brauchen keine teure eigene Software entwickeln zu lassen, denn die gibt es schon. Die Buchungsmaschine der Buchungsmaschine AG bietet Module für Pauschalreisen, Linien- und Charterflüge. Die Nutzung kostet 100 Mark im Monat, darin enthalten sind 10 Buchungen, jede weitere Buchung kostet 3 Mark. Abgewickelt wird die Buchung von Reise- und Flugreisebüros, wobei Sie zwischen verschiedenen Anbietern wählen können. Sie selbst müssen gar nichts tun, außer die Buchungsmaschine in Ihre Webseite einzubinden und diese zu bewerben. Pro Buchung bekommen Sie 1,5 Prozent des Umsatzes gutgeschrieben. Etwaige Fehlbuchungen werden kostenlos storniert. Die Buchungsmaschine ist heute bereits auf über 700 Reisebüro-Sites und namhaften Portalen wie *www.expedia.de* im Einsatz.

WWW Wichtige Adresse

www.buchungsmaschine.de

Idee 6 – Mieten Sie sich ein!

Es gibt Mietshops in unterschiedlichsten Ausführungen. Manche sind bereits auf Webseiten eingebunden und müssen nur noch mit Waren gefüllt werden, so das Shopping-Portal Vivendo (*www.vivendo.de*). Wie Ihr Shop integriert wird und was es kostet, hängt von Ihren Produkten und der bereits vorhandenen Infrastruktur ab. Auch die Großen im E-Commerce locken mit Shopping-Portalen. Bei den Suchmaschen Lycos (*www.lycos.de*) oder Yahoo! (*www.yahoo.de*) können virtuelle Ladenbesitzer Ihre Produkte für einen Preis ab rund 100 US-Dollar im Monat feilbieten. Vorteil: Solche Seiten sind bereits einem breiten Publikum bekannt und gut besucht. Der sonst nötige und kostenintensive Werbeaufwand entfällt. Sie brauchen mitunter gar keinen eigenen Shop, sondern nur eine verkaufsträchtige Ware, haben aber in jedem Fall eine doppelte Präsentation Ihres Angebots.

Erfolgreich mit dem Online-Shop: 5 Szenarien

Theoretisch alles klar? Dann geht es jetzt zur Praxis. Auf den folgenden Seiten stelle ich Ihnen fünf Shops in ausführlicheren Szenarien vor, beschreibe die Idee und das Marketing. Viele davon gibt es so oder ähnlich bereits im Internet. Andere wird es geben – vielleicht schon, wenn dieses Buch auf dem Markt ist, vielleicht auch erst ein Jahr später. Verstehen Sie diese Szenarien wie auch die kurz beschriebenen Ideen deshalb nur als Anregung für Ihr eigenes Konzept. Über Ihr Konzept sollten Sie bis zur Realisation schweigen! Kommunizieren Sie nur mit Personen Ihres Vertrauens und selbst mit diesen im Internet nur über verschlüsselte E-Mails (zum Beispiel mit Verisign von Microsoft)! Auch die Anmeldung von Domainnamen sollten Sie nur bei einem Provider Ihres Vertrauens vornehmen. Sehr häufig werden Namen schon bei der Anmeldung »kopiert«, vor allem wenn sich die Idee schon deutlich im Namen widerspiegelt!

Deshalb: Nichts ist so schnell vergriffen wie eine einmal veröffentlichte Idee. Recherchieren Sie, bevor Sie loslegen, ob Ihr geplantes Angebot bereits existiert. Und lesen Sie die Anfangskapitel zu Business Plan und Wettbewerbsanalyse!

Szenario 1 – E-Learning: Online-Kurse geben

E-Learning ist eines der Zukunftsthemen, versprechen internationale Studien. Der Anteil des E-Learning am gesamten Trainings- und Seminarwesen wird bis zum Jahre 2005 etwa 14 Prozent betragen, so das Marktforschungsinstitut Gartner Group. Rosige Aussichten für Online-Learning-Angebote im Internet. Bisher gibt es noch recht wenige Anbieter, die sich aufs Lernen im Internet spezialisiert haben. Neben einigen virtuellen Hochschulen sind dies vor allem Computerschulen. Daneben konnten sich auch Sprachenlernangebote etablieren, wobei nicht mehr nur das Vokabelpauken, sondern auch die richtige Aussprache gelehrt und gelernt werden. Kursangebote, die über die Bereiche Computer und Lernen hinausgehen, gibt es derzeit nur im angloamerikanischen Sprachraum.

Doch auch hier werden sich die Schwerpunkte verschieben. Genauso wie sich in den frühen Internetjahren nur Soft- und Hardware über das Internet verkaufen ließen und Bücher, Spielzeug und Reisen diesen Produkten der ersten Stunde den Rang abgelaufen haben, werden in Zukunft auch die klassischen Seminar- und Lernangebote ihren Platz im Internet finden. Warum nicht Management-Skills in einem Kurs vermitteln? Was spricht gegen Benimmkurse im Internet? Oder einen Lehrgang »Betriebswirtschaft für Nicht-Betriebswirte«?

Das ist eine Riesenchance für Anbieter, die hier themenspezifische Marktlücken entdecken und besetzen können. Um am Markt akzeptiert zu werden, sollten Sie allerdings Fachmann/-frau auf Ihrem Gebiet sein. Wer Managementkurse anbietet, muss auch bereits offline auf diesem Gebiet Fuß gefasst haben und eine Personaltrainingsfirma besitzen – es sei denn, Sie kaufen sich das Know-how solcher Firmen ein, fungieren lediglich als Organisator und Vermittler kompetenter Kräfte und treten nicht selbst als Seminarleiter auf.

Software für Online-Kurse muss neuen didaktischen Erkenntnissen folgen und die Möglichkeiten des multimedialen Lernens bestmöglich ausschöpfen. Dabei gibt es im Wesentlichen zwei Vorgehensweisen:

1. Der Online-Kurs wird von einem Menschen geleitet: Dieser Seminarleiter stellt den Teilnehmern via Internet Unterlagen und Lerneinheiten bereit, moderiert Foren und beantwortet E-Mail-Anfragen. Bei solch personengeführten Kursen ist das Know-how und das »Standing« des Kursleiters wichtig. Für Kurse von »Nonames« werden sich stets weniger Leute anmelden als für Kurse von Seminarleitern, die durch Bücher oder Face-to-face-Seminare bereits bekannt sind. Ein neuer Name lässt sich indes recht leicht etablieren, Lebensläufe marketingtechnisch geschickt gestalten. Und macht ein Noname seine Sache gut, ist er beim nächsten Mal vielleicht schon eine »Marke«, die man kennt.
2. Online-Kurse zum Selberlernen: Diese Kurse werden voll elektronisch durchgeführt, entweder webbasiert oder auf CD. Wichtig ist

eine ausgereifte Technik. Die Software muss so komfortabel und intuitiv sein, dass der User keine oder kaum zusätzliche Bedienhinweise braucht. Gleichzeitig muss sie dem Lernverhalten entgegenkommen. Reine HTML-Texte lassen sich, wenn überhaupt, nur für ganz geringe Beträge an den User verkaufen. Es könnte sich auch eine Kombination aus Online-Kurs und Präsenzveranstaltung anbieten. Beispiel Benimm-Kurs: Die theoretischen Grundlagen guten Benehmens werden in einem Online-Kurs vermittelt, während das Gelernte dann in der Gruppe und als »Abschlussübung« in einem Restaurant praktisch angewandt wird.

Hilfreiche Software zum Online-Learning

Beim Online-Learning müssen Sie das Rad nicht neu erfinden: Es gibt viele Software-Tools, die bei der Entwicklung von Lerninhalten helfen bzw. diese in ein System bringen.

- Authorware von Macromedia kostet rund 3500 Mark und hilft, interaktive Lektionen fürs Web zu erstellen.
- Coursebuilder für Dreamweaver ist ein Tool, um Online- und CBT- (Computer Based Training-) Schulungen effektiv durchzuführen (rund 600 Mark).
- Auch das Programm Toolbook Instructor eignet sich für die Erstellung von Kursen und ist einfach zu bedienen (rund 5400 Mark)

Profi-Variante: Nicht den einzelnen User, sondern Unternehmen ansprechen

Welche Zielgruppe möchten Sie erreichen? Angebote für Endverbraucher müssen anders strukturiert sein als Angebote für KMUs (kleine und mittlere Unternehmen) oder gar größere Unternehmen. Auch die Preise sind jeweils unterschiedlich zu veranschlagen. Ein Bedarf ist in jedem der Bereiche vorhanden. In den Personalabteilungen der Firmen sitzen aber noch viele Führungskräfte, denen klar gemacht werden mus, dass sich durch Online-Kurse eine Menge Geld für Schulungen sparen lässt. Vor allem für Schulungen, die sich ständig wiederholen (»Präsentationen mit PowerPoint erstellen«, »Serienbriefe mit Word«). Ein durchschnittliches Seminar kostet, extern durchgeführt, 1000 bis 3000 Mark pro Person und Tag – ob die Mitarbeiter nun lernen, Präsentationen zu erstellen, mit dem Programm Excel Tabellenkalkulationen durchzuführen oder in betriebswirtschaftlichen Grundlagen trainiert werden. Inhouse-Schulungen sind wesentlich günstiger, aber auch hier ist mit mehreren hundert Mark pro Person und Tag zu rechnen. Online-Kurse lassen sich im Vergleich wesentlich günstiger anbieten als klassische Präsenzkurse, zum Beispiel über ein firmeninternes Intranet. Daneben besteht ein großer Markt für branchenspezifische Schulungen, zum Beispiel an bestimmten Maschinen.

Effektives Shop-Marketing: Veranstalten Sie ein PR-Event

Wie Sie Ihr Online-Learning-Angebot bekannt machen, hängt im Wesentlichen von Ihrer Zielgruppe ab. Möchten Sie Unternehmen gewinnen, so sollten Sie bei der Akquise deren Sprache sprechen. Streichen Sie Vorteile heraus, wobei der Aspekt »Kosten sparen« allein schon eine enorme Argumentationskraft hat. Wichtig ist es, sich als Fachfirma zu profilieren und auf Wunsch jederzeit für einen Vorführtermin bereit zu stehen.

Sprechen Sie Einzelpersonen an, so sollten Sie nach Erstellung der Webseite, Anmeldung in den Suchmaschinen und dem Drucken von Broschüren sowie geeigneten Werbematerialien auch auf eine ausgeklügelte PR-Strategie setzen. Hier lohnt es sich, eine Fachagentur einzuschalten. PR-Events und -Aktionen helfen, auf sich aufmerksam zu machen. Wer Benimmkurse für Manager anbietet, kann Journalisten zu einer Online-Vorführung des Kurses mit einem praktischen Kurz-Restauranttraining einladen. Höchstwahrscheinlich ist dies sehr viel effektiver als eine Pressekonferenz – nicht zuletzt, weil Journalisten gerne essen und trinken. Prima, wenn bei dieser Gelegenheit gleich auch ein prominenter Manager die Fahne für Ihr Angebot hochhält (Motto: »Unsere Firma hat den Kurs getestet«)! Events sollten vor allem publikumswirksam sein. Ihr Ziel ist, sie in die Zeitschriften und damit ins Gespräch bringen.

Aktionsangebote auf der Webseite

Wie wäre es zum Beispiel, vor den Sommerferien einführende Kurse in »Urlaubsspanisch« kostenlos anzubieten? Dabei muss der Kurs natürlich so gestaltet sein, dass er Lust aufs Weiterlernen macht. Kooperationen werden Ihnen ebenso weiterhelfen wie Aktionen – zum Beispiel mit Reiseveranstaltern oder Verlagen, die Reiseliteratur offerieren.

Bei vielen Themen und personengeführten Kursen ist auch Personenmarketing wichtig. Ihr Kunde möchte schließlich wissen, mit wem er es zu tun hat: Ein Marketing-Professor an der Uni Soundso oder der ehemalige Marketingleiter eines großen Konzerns erwecken mehr Vertrauen als ein Hochschulabsolvent oder ein Buchautor, von dem man nicht weiß, woher er sein Wissen überhaupt hat.

www | Wichtige Adressen: Online-Learning-Angebote

www.akademie.de: Online-Learning zu verschiedenen, internetbezogenen Themen
www.click2learn.com: amerikanisches Lernangebot, das die unterschiedlichsten Kurse bereitstellt – als Online-Kurs, HTML-Dokument, CD oder Buch
www.englishtown.de: diese Seite bietet Englischkurse, auch Privatunterricht

Szenario 2 – Der Möbeldesigner

Kennen Sie die Sofas der Firma Bretz *(www.cultsofa.de)*? Bunte, flippige Sitz- und Schlafmöbel, die man auf den ersten Blick einer Design-Linie zuordnen kann. Wer Stil zeigt, ist kultverdächtig und hat trotz der Vielfalt an Angeboten im Internet, immer noch eine Chance, sich erfolgreich zu etablieren.

Es muss aber schon ein besonderer Tisch sein, wenn Sie ihn im Internet verkaufen möchten. Zum Beispiel ein kleiner Dreieckiger für die Mini-Küche, der mit zwei Handgriffen zur Tafel wird. Am besten sollte es ihn in mehreren Variationen geben.

Wer Möbel über das Internet vertreibt, sollte ein Design anbieten, das es weder bei Ikea noch bei Polster Trösser oder Porta gibt. Möbel eines bereits eingeführten Designers zu verkaufen hat natürlich Vorteile. Aber ob dieser wirklich online und vielleicht sogar noch exklusiv nur bei Ihnen verkaufen will? Wahrscheinlich würden die Möbelhäuser Sturm laufen! Die Chance, ein solches ein Angebot aufzubauen, ist deshalb gering.

Verkaufen Sie Ihre eigenen Möbel, ist es wichtig, ein Markenzeichen zu schaffen.

Marketing: Schicken Sie Iris Berben auf die Couch

Wer passt auf Ihr Sofa oder an Ihren Tisch? Iris Berben oder Verona Feldbusch, Boris Becker oder die Fantastischen Vier? Testimonials mit Prominenten – als Banner- und / oder Printwerbung eingesetzt – erzeugen einen hohen Aufmerksamkeitsgrad. Sie sind leider auch sehr teuer, denn kaum ein Promi macht so was umsonst – es sei denn er / sie ist mit Ihnen befreundet. Wesentlich günstiger wird es, wenn Sie unbekannte Personen durch Ihre Werbung bekannt machen. Das darf natürlich niemand sein, der »gewöhnlich« aussieht – wenn 08 / 15-Aussehen nicht gerade total im Trend liegt und schon wieder auffällt. Es geht darum, den richtigen Trend zu erwischen, am besten kurz bevor er zum Trend wird. Was bei Ihrer Zielgruppe »in« ist oder werden wird, wissen Sie selbst vielleicht am besten. So genannte »Trendscouts«, die bisweilen auch von Werbeagenturen beschäftigt werden, können Sie unter Umständen unterstützen.

Mit exklusiven Einrichtungsgegenständen können Sie auch auf Geschenkeseiten und in Auktionen eine Menge erreichen (siehe Kapitel »Marketig-Ideen«). Wenn Sie es schaffen, mit Ihrem Sofa in die Top 10 der trendigsten Weihnachtsgeschenke zu kommen, beschert Ihnen das sicher zahlreiche Bestellungen. Eine Auktion hilft, Ihre Möbel einem breiten Publikum bekannt zu machen. Große Auktionsseiten haben Millionen PageViews im Monat: Ihr Publikum!

Szenario 3 – Der Partyservice-Shop

Geburtstagspartys zu organisieren kann ganz schön lästig sein, vor allem wenn man den ganzen Tag arbeitet. Und was ist erst mit Kommunion, Konfirmation, Taufe, Hochzeit ...? Geschenke kaufen, Partyräume oder eine anderweitig geeignete Lokalität organisieren, Buffets bestellen, Gäste einladen, Geschenke umtauschen: Manch einer wäre froh, wenn ihm diese Last genommen würde. Zumal von fremder Hand organisiert oft auch viel schönere und professionellere Partys zustande kommen. Wer einen Rundum-Service für alle Gelegenheiten rund ums Feiern bietet und seinen Job gut erledigt, könnte damit im Internet Erfolg haben. Rundum-Service aus einer Hand – dass das funktioniert, beweist zum Beispiel der Hochzeitsservice von Alafoli *(www.alafoli.de)*.

So verdienen Sie Ihr Geld

Zum Geldverdienen haben Sie gleich drei Ansatzpunkte! Erstens müssen Anbieter von Räumlichkeiten bei einer Vermittlung eine bestimmte Gebühr an Sie entrichten. Gleiches gilt etwa, wenn Sie eine Hochzeitsgesellschaft in ein bestimmtes Restaurant bringen und anschließend in die Betten des nahe gelegenen Hotels. Zweitens verdienen Sie über eine Miete, die Ladenbesitzer, die auf Ihrem Marktplatz Geschenke feilbieten, an Sie zahlen. (Lassen Sie nicht jeden zu, der zahlt – nur gleich bleibend hohe Angebotsqualität sorgt für treue Kunden!) Dritte Einnahmequelle sind kostenpflichtige Angebote für die Nutzer, zum Beispiel die Übernahme einer kompletten Party-Organisation von der Einladung bis zum Aufräumen des Partyraums.

Grundlage: Ein umfassendes kostenloses Angebot für den Kunden

Wichtig für den Erfolg eines solchen Angebots ist vor allem ein umfangreiches kostenloses Angebot. Dieses ist notwendig, um erst einmal Leute an die Seite zu binden, eine Community aufzubauen.

So könnten Sie zum Beispiel Einladungs- und Danksagungskarten über das Internet gratis verschicken. Der Kunde kann »seine« Wunsch-Karte aus verschiedenen Layouts wählen und trägt lediglich die Adressen ein. Den Rest steuert eine Software. Möchte der Kunde auch Einladungen mit der gelben Post verschicken, zahlt er einen günstigen Schnupperpreis. Kostenlos anbieten können Sie auch Rezepte, Adressen und selbstverständlich alle nötigen Hintergrundinformationen.

www Wichtige Adressen: Ähnliche Shopideen

www.alafoli.de

Alafoli bietet einen umfassenden Service für Hochzeitspaare

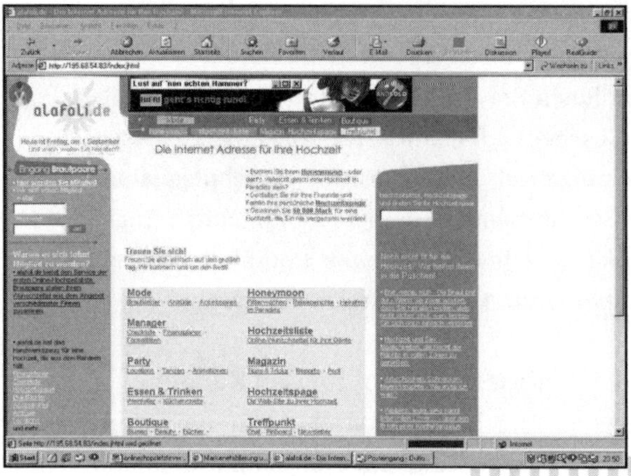

www.alafoli.de

www.braut.de
www.hochzeitstisch.de

Szenario 4 – Der Spezial-Buchshop

Amazon, Libri, Buecher.de: Allgemeine Internetbuchhandlungen gibt es wie Sand am Meer. Eine wirkliche Chance, sich daneben zu etablieren, bietet nur die Spezialisierung auf einen bestimmten Bereich. Wobei sich diese Spezialisierung bereits durchzusetzen beginnt. So finden sich unter *www.geldbuch.de* ausschließlich Bücher zum Thema Geld. Diesen Trend hat auch Sabine erkannt, die selbst ein Antiquariat in einem kleinen Dorf in Hessen besitzt, mit dem Sie nun ins Internet ziehen möchte. Auf historische Romane und Sachbücher zum Thema Mittelalter möchte sich Harald mit seinem Online-Shop konzentrieren.

Checkliste: So verkaufen Sie Bücher in Spezial-Shops erfolgreich

- Das Produkt muss so ausführlich wie möglich beschrieben werden, um Interesse zu wecken. Umfang, Ausstattung und Preis sind selbstverständliche Informationen, ein Foto vom Cover hilft beim Verkaufen.
- Bei der Beschreibung sollten Sie möglichst genau auf das Werk eingehen – weg von Standardsätzen, die zeigen, das nicht mal der Händler selbst in das Buch gesehen hat.
- Ein Lesebeispiel ist sinnvoll. Schließlich bekommt man auch in einem normalen Buchshop die Chance, vorab im Buch zu stöbern.
- Ideale Zahlungsmethode ist die Überweisung oder Nachnahme, wobei eine Nachnahme mit zusätzlichen Kosten für den Empfänger verbunden ist.
- Bereiten Sie ein persönliches Anschreiben vor und geben Sie sich Mühe bei der Verpackung. Vorbild: der Internet-Buchhändler Amazon.
- Bieten Sie Geschenkbücher an, die an eine andere Adresse als die des Rechungsempfängers verschickt werden können. Schickes Geschenkpapier und Karte gehören dazu! Den individuellen Spruch für die Karte sollte der Schenkende auf der Homepage eingeben können. Noch besser, wenn er gleich zwischen verschiedenen Karten wählen kann.

Variante »Books on demand« – die Chance für Autoren und neue Verlage

Eine weitere Idee zum Buch: der eigene Verlag mit so genannten »Books on demand«. Auch hier ist der Markt längst von starken Anbietern besetzt. Chancen haben lediglich spezialisierte Verlage, die die Bücher direkt über ihre eigene und die Homepage eines bekannten Buchhändlers wie Libri verkaufen.

Was ist BOD?

Heute kann jeder seine Bücher veröffentlichen – auch wenn die Zielgruppe sehr klein ist. Das herkömmliche Druckverfahren für Bücher, der Offsetdruck, rentiert sich erst bei einer Auflage ab zirka 2000 Stück. Im Digitaldruck dagegen lassen sich auch kleine Auflagen – selbst 50 bis 250 Stück – rentabel drucken. Für den Leser macht es auch von der Optik kaum einen Unterschied, ob er ein im Offset- oder Digitaldruck erstelltes Werk in den Händen hält – die Qualität ist fast identisch.

Für den Autor wie für den Kleinverlag ist das Verfahren ein Glücksfall, denn Books on Demand machen sein Werk bezahlbar: Er kann so viele Bücher drucken, wie er glaubt verkaufen zu können. Und wenn es doch mal mehr werden sollten, ist der Nachdruck überhaupt kein Problem.

Übrigens hat schon manch ein BOD-Autor eine Karriere gestartet und geradezu »kultige« Auflagenzahlen erreicht. Professionelles Marketing ist natürlich essentiell, damit mögliche Leser auf Ihre besonderen Bücher aufmerksam gemacht werden.

www Wichtige Adressen

www.bod.de
www.books-on-demand.de
http://mv-verlag.de
www.business-point.de

Szenario 5 – Der Schüler verschenkt Nachhilfe – und verdient sich trotzdem sein Taschengeld

Du bist mindestens 18 Jahre und besonders gut in Mathe? Prima, dann vergolde dein Talent und mache die Klassenkameraden mit der Beton-5 glücklich. Wahrscheinlich meldet sich sogar die blonde Martina aus der 8e auf deiner Webseite, denn dein Internetangebot kostet nichts. Das ist der Clou, denn es garantiert dir Besucher aus ganz Deutschland.

Und woher kommt mein Geld? Ganz einfach: Als Zusatzleistung, so nebenbei, bietest du einen Shop auf deiner Homepage an. Dies kann ein Mietshop mit Inventar sein: Das heißt, du kassierst bei jeder Bestellung, musst diese aber nicht selbst abwickeln. Solche Mietshops gibt es zum Beispiel vom Buchhändler Amazon. Das geht so: du meldest dich bei Amazon an, stellst auf deiner Homepage ein paar ausgewählte Bücher vor und verdienst fortan bei jeder Bestellung, die von deiner Homepage aus getätigt wird, pozentual an dem Verkauf. Natürlich kannst du auch deinen eigenen Shop aufbauen und zum Beispiel Computerteile verkaufen. Oder bestimmte Bereiche deiner Homepage kostenpflichtig machen, zum Beispiel die Webseiten mit den Probeklausuren. Das bedeutet für dich keinen Aufwand und kostet mit dem bereits vorgestellten Firstgate *(www.firstgate.de)* nur rund 10 Mark im Monat.

Homepage selbst erstellen

Um Nachhilfeunterricht über deine Homepage anzubieten, genügt es, wenn du dein Angebot mit den Möglichkeiten gestaltest, die HTML (Hypertext Markup Language, die »Internet«-Sprache) bietet. Am einfachsten geht es über einen Editor – ein Programm, das HTML direkt in Gestaltung umsetzt, idealerweise als WYSIWYG (what you see is what you get). Prima Editoren sind Frontpage von Microsoft *(www.microsoft.com)* und der Dreamweaver von Macromedia *(www.dreamweaver.com)*, der alle Profi-Funktionen bereithält. Dazu findest Du in diesem Buch im Kapitel »Die Technik Ihres Online-Shops« weitere Informationen.

Mailinglisten einrichten

Du kannst das Internet nicht nur als modernes schwarzes Brett nutzen, sondern zum Lehren selbst. Auch kleine Gruppen lassen sich per Internet wunderbar betreuen. Dafür musst Du einfach so genannte Mailinglisten einrichten (zum Beispiel Listbot, siehe Kapitel »Marketing mit Newslettern und Mailinglisten«). Das sind Listen, in denen man sich mit der E-Mail-Adresse eintragen kann, um Informationen – beispielsweise in Form eines Newsletters – zu abonnieren. Täglich oder wöchentlich kannst Du deiner Gruppe dann neue Aufgaben, Lösungen oder Rechenbeispiele zuschicken.

Diskutieren und gemeinsam lernen

Auch Diskussionsforen eignen sich für das gemeinsame Lernen. Dabei unterscheidet man zwischen moderierten und unmoderierten Foren. In moderierten Foren beantworten Fachleute die Fragen der Teilnehmer, in unmoderierten Foren darf jeder etwas sagen. Da Du ja der Kopf des Ganzen bist, solltest du dein Forum selbst moderieren. Foren sind interaktive Elemente, die sich im Internet durch Aktion der User verändern. Solche Elemente können nicht in HTML programmiert werden, üblich ist hier die

Verwendung einer Scriptsprache wie PERL oder Javascript. Wie Du selbst mit diesen Sprachen arbeitest, lernst du zum Beispiel beim Internet-Guru Stefan Münz *(www.netzwelt.com)*.

WWW Wichtige Adressen: Kostenlose Foren und Chats

www.besttips.de
www.kostenlos.de
www.kostnix.de

Szenario 6 – Das Reisebüro für Finca-Urlaub

Elke und Stefan Winter – es gibt sie nicht wirklich – besitzen seit zwei Jahrzehnten ein kleines Reisebüro in Köln. Sie spielen seit langem mit dem Gedanken, selbst ins Internet zu gehen, sind aber verunsichert: Mit den Preisen der großen Online-Reisebüros und - Marktplätze können sie nicht mithalten. Wie sollen sie sich von den zahllosen großen, kleinen und mittleren Reisebüros im Internet unterscheiden, was ist ihr USP?

Die eigene Vorliebe, Finca-Urlaube auf Mallorca zu machen, brachte die Winters schließlich auf die Idee. Seit zehn Jahren bereisen sie Landhäuser und haben so gute persönliche Kontakte geknüpft. Warum nicht mit einem eigenen Angebot speziell für Finca-Urlaube auf Mallorca ins Internet ziehen? Die Vorarbeit dauerte fast ein halbes Jahr, denn erst einmal mussten sämtliche Besitzer kontaktiert und von der Idee begeistert werden. Im zweiten Schritt wurde Bildmaterial eingesammelt: von Haus und Umgebung mindestens drei Fotos. Parallel dazu entwickelte eine Software-Firma eine Buchungsmaschine. Doch nicht alle Fincas konnten über ihr Computersystem an die neu entwickelte Datenbank angebunden werden. In einigen Fällen muss zunächst ein Fax an die Finca geschickt werden, die dann zurückmeldet, ob zum angefragten Termin ein Zimmer frei ist. Ziel ist es, in der nächsten Zeit eine Online-Buchung aller Fincas zu ermöglichen. Die Winters verdienen über die Reisevermittlungsprovision.

Ideen fürs Shopmarketing

Wer ein Reiseangebot auf die Beine stellt, muss sich von einer starken Konkurrenz abheben. Die ganze Branche drängt ins Internet oder ist längst dort angekommen: Reiseveranstalter genauso wie kleine Reisebüros und große Reisebüroketten. Je mehr Aktionen Sie auf Ihrer Seite bieten, desto eher werden Sie sich abgrenzen und Stammkunden gewinnen können. Der Kunde muss Ihrem Angebot vertrauen, sich aber auch aufgehoben fühlen. Sie erreichen das, indem Sie Kompetenz zeigen und vielfältigste Informationen rund um Mallorca und den Finca-Urlaub bieten – richtig guten »Content«: Informationen über die Dörfer rund um die Finca, Ausflugs- und Restauranttipps, Entfernungen, Erfahrungsberichte ... Wer eine Finca besucht hat, könnte Umgebung, Atmosphäre und Service bewerten und so Empfehlungen aussprechen. Vielleicht lässt sich zu jeder gebuchten Finca ein Heft mit individuellen Reiseinformationen generieren, was der Urlauber mit auf seine Reise nehmen kann.

Installieren Sie beispielsweise einen Newsletter, der aktuelle Nachrichten ins Postfach bringt, aber auch spezielle Paketangebote und Aktionspreise vorstellt. Überraschen Sie Ihre Kunden, indem Sie pro Hotelreservierung eine Flasche mallorquinischen Wein verschenken. Auch Gewinnspiele oder Auktionen sorgen für neue Kunden.

Szenario 7 – Marktplatz Kunst

Kunst ist im Internet, außer in den traditionellen Auktionshäusern, recht schwach vertreten. Auch die Künstler selbst wissen noch nicht so recht, wie Sie sich online präsentieren können und sollen. Das Internet gar als Verkaufsplattform oder Ausstellungsraum für eigene Werke nutzen? Das gefällt vielen nicht! Dennoch ist eine riesige Nachfrage nach Kunst da: Neue Zahnarztpraxen und Rechtsanwaltskanzleien haben viele weiße Wände, die der Arzt oder Anwalt von Welt niemals mit Postern oder Billig-Drucken zuhängen würde. Auch im Privatbereich steigt die Zahl derjenigen Menschen, die Ihre Wohnung lieber mit echter Kunst schmücken würden als mit Drucken.

Ein Marktplatz Kunst könnte Galerien verbinden und Ihnen ein neues Forum bieten. Maler, Fotografen, Bildhauer und andere Künstler bekämen über die Ausstellung hinaus eine Möglichkeit, ihre Werke an Mann und Frau zu bringen.

Doch Vorsicht: Bei all dem muss ein strenger Qualitätsmaßstab dafür sorgen, dass Ihr Internetangebot nicht zur Plattform für Pseudo-Künstler und Hobby-Bastler verkommt. So könnten Sie nur Künstler aufnehmen, die eine Ausstellung in einer renommierten Galerie hatten oder haben. Daneben böte sich ein Bereich für Underground- und Newcomer-Kunst an. Wichtig ist, dass die Seite Anspruch hat, ernst genommen werden kann und kein Krimskramladen entsteht. Marketing könnte direkt bei der Zielgruppe ansetzen, die kunstinteressiert ist. Flyer in Galerien und Direct-Mails an neue Zahnärzte sind nur zwei von vielen Möglichkeiten.

Wie man eine solche Idee besser nicht realisieren sollte, zeigt die Seite *www.marktplatz-kunst.de*.

24 weitere Ideen für einen Online-Shop

1. **Blumen für ganz spezielle Anlässe:** Sträuße zum Verschicken an den Liebsten / die Liebste. Große Auswahl und viel individueller Ausdruck sind wichtig, denn die Konkurrenz ist nicht schlecht.
2. **Best-of-Shop:** In Ihrem Shop kann man nicht alles kaufen, sondern nur die 10 beliebtesten Produkte des Monats. Welche das sind, sagen Ihnen Ihre Kunden auf Ihrer Homepage.
3. **Designer-Sonnenbrillenladen** mit vielen Discounts.
4. Spezialgeschäfte für bestimmte **In-Designer**.
5. Schwangerschaftsmode für den deutschen Markt (derzeit nur amerikanisch unter *www.motherhood.com*).
6. Schönes fürs Auge: **Farbige Kontaktlinsen** und poppige Sonnenbrillen.
7. **Gebrauchtwagenhandel,** der auf bestimmte Fabrikate, Marken, Klassen, Oldtimer oder Jahreswagen zugeschnitten ist.
8. **Foto-Download:** Hochwertige Fotos zur freien Verwendung auf der eigenen Homepage.
9. **Internationaler Zutatenshop:** Jedes Land hat seine eigenen Gewürze und eine individuelle Zutatenwelt. In Ihrem Shop schaffen Sie Welten und Länder, in denen sich Ihr Kunde orientieren kann.
10. **Handy-Auktion**: Die Nachfrage nach Handys ohne Karte ist groß.
11. **Know-how** verkaufen: Sind Sie Experte auf einem Gebiet oder möchten Sie eine Experten-Site eröffnen, die 24 Stunden fachmännischen Rat bietet.
12. **Manager-Shop:** Gestresste Manager haben heute keine Zeit mehr, stundenlang in der Stadt herumzulaufen. Bieten Sie auf Ihrer Seite zehn Produkte, die der typische Manager braucht, beispielsweise das eine Rasierwasser, das derzeit in ist, einen ganz tollen Rotwein, den Anzug von Boss …

13. Ungewöhnliche **Merchandising**-Artikel für das junge Unternehmen (B2B). Der moderne Unternehmer von heute trägt Sachen mit eigenem Logo.
14. **Möbel nach Maß:** Sind Sie Schreiner oder Designer? Auf Ihrer Homepage können Sie ein Baukastensystem anbieten, aus dem der Kunde sich seine individuellen Möbel basteln kann.
15. **Mittelalter-Marktplatz.** Vom süßen Honigwein (Met) bis zur Pantolette: alles, was der trendy Mittelalterfreak so braucht.
16. **Mondbier-Shop:** Wer Getränke unter esoterischen Gesichtspunkten braut und verkauft, erschließt sich wahrscheinlich keinen Massenmarkt, aber eine treue Klientel.
17. **Nugatshop:** die edelsten Nugatsorten zum Bestellen und Verschenken.
18. **Rent-a-Star**: Vermittlung von Prominenten oder deren Doppelgängern für Rendezvouz und Partys.
19. **Schmink- und Frisierkurse** zum Download oder Direkt-Nachmachen. Beispiel: Augenbrauenzupfen, das Hochzeits-Make-up. Bieten Sie kleine Schnupperkurse gratis an, die großen Kurse kostenpflichtig.
20. **Tauschbörsen**: tauschen statt kaufen, zum Beispiel Hotelzimmer gegen Büromöbel. In den USA voll im Trend.
21. **Übergrößen-Shop:** Online-Laden für alle, die größer sind als der Durchschnitt.
22. **Uhren-Discount:** Designer-Uhren, zum Beispiel Second-Hand oder aus der letzten Saison, 30 bis 50 Prozent unter dem regulären Preis verkaufen.
23. **Zigarren online:** Zigarren rauchen ist trendy. Der Online-Shop müsste eine große Auswahl unterschiedlicher Sorten und Accessoires sowie Bücher zum Thema bieten. Vermarktung: Verschenk-Service und Gutscheine für den Besuch eines Zigarren-Lokals.
24. **Wissens-Datenbank zu Spezialthemen:** Wer Know-how händeringend sucht, zahlt gerne ein paar Pfennig.

Glossar

AOL, T-Online, Compuserve	So genannte Online-Dienste, die Ihren Kunden nicht nur den Internetzugang, sondern auch ein eigenes Angebot zur Verfügung stellen.
Betriebssystem	Die Software, die Ihren PC zum Laufen bringt – beispielsweise Windows 2000.
CGI	CGI-Scripts (Codes in der Webseite) ermöglichen es, Formulareingaben aus HTML-Dateien zu verarbeiten, auf dem Server Daten zu speichern und diese dort auszulesen.
Chat	Online-Unterhaltung in Echtzeit.
Default	Standardeinstellungen einer Internetseite.
Digitale Unterschrift	Sie funktioniert wie ein mitgeschickter (Personal-) Ausweis. Das Verfahren garantiert dem Empfänger, dass eine Informationen tatsächlich von Ihnen stammt. Die Ver- und Entschlüsselung geschieht über eine Software (zum Beispiel Verisign). Immer häufiger werden auch Chipkartenlesegeräte eingesetzt.
Domain	Adresse Ihrer Homepage im Internet.
Download	Das Herunterladen von Dateien aus dem Internet auf den eigenen Rechner.
E-Postkarten	Postkarten, die sich über das Internet verschicken lassen.
Flash	Ein Programm der Firma Macromedia, das multimediale, filmähnliche Internetseiten erstellt.
Flat rate	Tarif, der Telefon- und Internetkosten in einer pauschalen Monatsgebühr zusammenfasst.
Homepage	Die Startseite einer Internetpräsenz – diejenige Seite, die Sie zuerst sehen, wenn Sie eine Adresse eingeben.

HTML Hypertext Markup Language, die Sprache der Webseiten.

IP-Adresse Die Grundlage jeder Kommunikation im Internet ist das IP-Protokoll. Alle Rechner im Internet haben eine IP-Adresse – eine Ziffernkombination –, anhand derer sie zu identifizieren sind. Der Name – die eigentliche Webadresse – liegt sozusagen über dieser IP-Nummer.

Multimedia Auf verschiedene Medien zurückgreifend, zum Beispiel Text, Sound und Video.

Netzwerk Mehrere untereinander verbundene Computer bilden ein Netzwerk.

Newsgroups Diskussionsgruppen, in denen man sich zu bestimmten, vorher festgelegten Themen austauscht. Viele Newsgruppen finden sich im Usenet, einem textorientierten Bereich, der wie das World Wide Web zum Internet gehört. Newsgruppen lassen sich aber auch auf jeder Homepage einrichten.

Online-Marketing Alle Marketing-Maßnahmen, die sich mithilfe des Internets durchführen lassen. Von der Suchmaschinenanmeldung bis zur Werbung, von der Nutzeranalyse bis zum Newsletter.

Plug-In Zusatzmodul für ein Programm, meist kostenlos aus dem Internet herunterzuladen.

Server Der Computer in einem Netzwerk, der andere Computer (die Clients) bedient und das komplette Netzwerksystem verwaltet.

Set Secure Eletronic Transaction – ein sicheres Zahlungssystem, von den großen Kreditkartenunternehmen entwickelt.

SSL-Server Secure Socket Layer – ein Server, der ein sicheres Protokoll zur Online-Datenübertragung beherrscht.

Webdesign Die Gestaltung von Internetseiten, die nach anderen Regeln vonstatten geht wie beispielsweise die Gestaltung eines Printprodukts. Wichtig ist etwa eine intuitive Benutzerführung.

Website Alle Seiten Ihrer Präsenz im Internet.

Webspace

Der Platz, auf dem Sie Ihre Seiten ablegen, nennt sich Webspace. Dieser Begriff meint weniger den Ort als vielmehr den Raum, auch in seiner Größe gemessen (»Ich habe 5 MegaByte Webspace bei T-Online«).

World Wide Web

Der multimediale Bereich des Internets, den man am ehesten mit dem Internet gleichsetzt. Neben dem WWW gehört aber zum Beispiel auch noch das Usenet zum Internet.